단 한 번의 거절 없이 판매할 수 있다

단 한 번의 거절 없이
판매할 수 있다

심길후 지음

세종
MEDIA

"콩 심은 데 콩 나고 팥 심은 데 팥 난다."라는 말이 있다. 이 말은 어영부영 일을 하다 보면 실망스러운 결과가 나올 뿐이고, 성실하고 효율적으로 일을 하면 그에 걸맞은 알찬 성과가 나온다는 의미로 해석해 볼 수 있다. 또 다른 각도에서 보자면 우리들이 무언가 결과를 내기 위해서는 먼저 스스로가 바뀌어야 한다는 말로도 해석할 수 있다.

어찌 보면 당연한 자연의 법칙이 아닐까 생각된다. 뿌린 대로 거두는 것이 자연의 진리이다. 내가 과거에 어떻게 살아왔느냐에 따라 현재가 정해지고, 지금 내가 어떻게 하느냐에 따라 미래가 결정된다. 지금 나의 모습에서 더 이상 발전하지 못한다면 더 나은 미래는 찾아오지 않는 법이다.

이 책은 수많은 비즈니스맨들을 양성해 온 내가 보기에도 매우 신선한 방식으로 많은 가르침을 전하고 있다. 물론 너무 생소한 영업방식을 나열하여 얼핏 훑어보면 현실적으로는 가능하지 않을 것 같다는 느낌이 들 수도 있다. 그러나 차근차근 읽으면 읽을수록 진흙 속에서 진주를 캐내는 기분이 든다.

"단 한 번의 거절 없이 판매할 수 있다."는 심길후 회장의 말처럼 오직 열정만을 갖고 뛰어들어 시행착오를 겪고 있는 영업인들이 이 책을 통해 고객들이 먼저 상담 요청을 할 수 있게끔 하는 영업의 새로운 전략을 습득하여 알차고 실속 있는 영업을 해나가기를 바란다.

　　　　　　　　　　　－ 이영권 경제학자, 교수, 세계화전략연구소 소장

이 책은 한국영업인협회 심길후 회장 본인과 수강생들의 활동을 모델로 체계적인 영업방법을 조선시대 말 장사꾼, 분 장사꾼, 물 장사꾼, 땅 장사꾼을 통해 풀어놓은 영업실무 지침서이다.

심길후 회장이 제대 후 곧바로 영업현장에 뛰어들어 노점과 행상, 방문 판매, 영업 관리자, 영업 컨설턴트에 이르기까지 '1년의 영업을 10번 반복한 10년의 영업경험이 아닌 알짜배기 영업 10년의 경험'을 통해 축적해 온 실무 중심의 값진 노하우들이 듬뿍 담겨 있다.

비록 조선시대를 배경으로 한 가상의 이야기이긴 하지만 정말 그럴듯하다는 생각이 들 정도로 현업에 바로 활용할 수 있는 영업방식이 우화 형식으로 하나하나 체계적으로 소개되어 있어 재미있게 읽으면서 영업의 맥을 짚을 수 있고, 영업에 대한 발상의 전환을 해볼 수도 있다.

아직도 영업이 '영업인이 고객에게 물건을 파는 것'이라고 생각하는가?

그렇다면 이 책을 통해 새롭게 도약할 수 있는 귀중한 기회를 얻을 수 있을 것이다. 아침에 눈을 뜨면 어디로 가야 할지 막막한 영업인들이 배우고 익힌다면 크게 도움이 되리라 믿는다.

– **이영석** (주)자연의모든것(총각네야채가게) 대표

영업이란 나를 파는 것이다. 나를 팔기 위해서는 어떻게 해야 하는가? 뜨거운 열정을 갖고 끊임없이 훈련하며 능력개발을 해야 한다. 꿈은 이루어진다는 믿음과 할 수 있다는 자신감을 갖고 거침없이 도전하는 자만이 정상의 자리에 우뚝 설 수 있다.

이 책은 우리 영업인들이 더욱더 효율적으로 일을 하려면 어떻게 해야 되는지에 대한 실질적인 노하우를 소설과 강의가 결합된 독특한 형식을 통해 전달하고 있다. 우리 영업인들의 잠재력을 극대화시킬 수 있는 새로운 도전이라는 생각이 든다.

이 책을 읽는 독자들 모두 소설 속 주인공 최고수처럼 긍정적인 생각과 당찬 태도로 낯선 환경에서도 용감하게 도전하며 항상 감사하는 마음, 절대적인 긍정, 다부진 뚝심, 흩어지지 않는 초심을 간직하여 진정한 성공자, 멋스러운 성공자가 되기를 바란다.

– **박형미** 파코메리 대표이사, 『벼랑 끝에 나를 세워라』 『그곳에 파랑새가 있다』 저자

차례

PART

1

영업 내비게이션은

왜

없는 것일까

두 권의 책은 겉장이 똑같았지만 고조할아버님의 일기에는 '有志者
事竟成' 이라는 한문이 써져 있었고, 아버지가 옮겨 적은 책에는 그
한문 옆에 '의지를 품은 사람은 원하는 일을 이룰 수 있다.' 는 뜻풀
이가 적혀 있었다.

꾸물꾸물하던 하늘이 급격히 어두워지더니 마침내 비가 쏟아져 내리기 시작했다. 6월 중순에 접어들면서 주말이면 어김없이 비가 내렸다.

고난은 근처 나무 밑으로 들어가 원망스러운 눈으로 하늘을 쳐다보았다. 새벽에 일어나 아파트단지를 돌아다니며 주차되어 있는 차에 명함과 전단지를 꽂고 다니던 중이었다.

고난은 고개를 돌려 자신이 꽂은 명함과 전단지가 비에 젖어가는 모습을 바라보았다. 억울함과 실망감이 분노처럼 치밀어 올랐다. 고난은 손에 들고 있는 명함과 전단지를 갈기갈기 찢어버리고 싶은 충동을 간신히 억누르고 빠르게 걸음을 옮겼다. 그의 낡은 중고차는 아파트단지 입구에 초라하게 서 있었다.

고난은 차 문을 열고 들어가 운전석에 앉았다. 빗줄기가 굵어질수록 차 지붕과 앞 유리를 때리는 빗소리도 갈수록 커졌다. 고난은 그 소리가 듣기 싫어 차에 시동을 걸고 라디오를 켰다. 예전처럼 차 안에 웅크리고 앉아 비가 멈추기만을 기다리는 것은 싫었다. 하지만 그렇다고 딱히 갈 곳도 없었다.

'내가 생각하기에도 나는 참 한심한 놈이다!'

고난은 길게 한숨을 내쉬었다.

대학 3학년을 마치고 공군에 자원입대한 고난은 제대 후 학교로 돌아가지 않았다. 그가 복학을 포기하고 자동차 판매사원이 되겠다는 마음을 먹은 것은 군대에 있을 때 즐겨 보았던 TV 드라마「강렬 장사꾼」때문이었다. 공부보다는 사업을 하고 싶었던 고난은 드라마 주인공의 삶에 빠져들어 어느덧 그와 자신을 동일시하게 되었다. 그리고 '나 또한 반드시 저 친구처럼 될 수 있다.'는 확신을 갖게 되었다.

복학을 포기한 고난은 부모님에게 당당히 자신의 의견을 밝혔다. 그때 아마도 고난의 눈과 몸에서는 아름다운 빛이 나고 있었을 것이다. 하지만 그것은 착각에 휩싸인 눈과 몸이 스파크처럼 일으키는, 허무하지만 찬란한 빛이었다.

그러나 어쨌든 부모님은 그 빛에 홀려 흔쾌히 고난의 뜻을 받아들였고, 친구들도 진심으로 그를 응원해 주었다. 친구들은 입을 모아 말했다.

"총학생회장까지 지낸 김고난, 너라면 잘할 수 있을 거야. 우린 널 믿어."

부모님과 친구들의 응원은 고난에게 눈빛으로 강철도 뚫을 것 같은 자신감을 안겨주었다. 다음 날 고난은 H자동차 마포영업소 소장을 찾아가 당당하게 이력서를 내밀었고, 곧바로 합격 통보를 받아 곧바로 일을 시작했다.

처음에는 모든 것이 순조로웠다. 부모님과 친구들의 도움으로 입사 첫 주에만 무려 3대의 차를 팔았던 것이다. 그달의 영업 실적은 모두 10대, 영업소 내에서 탑이었다. 두 번째 달은 실적이 조금 떨어지긴 했지만 그래도 5대는 팔았다.

그러나 세 번째 달에 들어서서 판매 실적은 눈에 뜨게 하락했다. 고작 2대밖에 팔지 못했던 것이다. 네 번째 달에는 아예 1대도 팔지 못했다. 판매사원들이 흔히 말하는 '빽차'를 탄 것이다. 그러자 늘 칭찬만 하던 영업소장의 태도가 확연히 달라졌다.

"고난 씨, 나 좀 볼까."

영업소장은 아침 회의가 끝난 후 고난을 따로 불렀다.

"문제가 뭘까?"

영업소장은 잠시 고난을 쳐다보다 갑자기 물었다.

"네? 무슨 말씀이신지…."

"선배 사원들은 어떻게 영업하는지 알고 있나?"

"네. 하지만…."

"말 끊지 말고 들어. 차, 팔고 싶지? 그럼 방법은 단 하나야. 무조건 발로 뛰는 거야. 당신 선배들은 당신만큼 능력이 없어서, 똑똑하지 못해서 명함과 전단지 수백 장 만들어서 새벽부터 저녁 늦게까지 차에 꽂고 다니고, 길거리에 서서 사람들에게 나누어주는 줄 알아? 경비원들에게 잡상인 취급당하고, 사정없이 내쫓기면서도 끊임없이 이 건물, 저 건물 들어가는 줄 아냐고?"

영업소장의 기세는 무서웠다. 그는 고난의 입에서 "시키는 대로 하겠습니다."라는 말이 나올 때까지 거세게 몰아붙였다.

고난은 그날 당장 명함과 전단지를 만들었고, 저녁 늦게까지 길거리에 서서 사람들에게 나누어주었다. 다음 날부터는 아침 일찍 일어나 출근길에 주차되어 있는 차에 꽂고 다녔고, 낮에는 경비원들의 눈을 피해 회사 사무실에 잠입해 직원들 책상 위에 올려놓기도 했다.

그러나 2주 동안 차와 관련된 문의 전화는 달랑 두 통밖에 걸려오지 않았다. 그것도 원하는 차의 가격만 물어보고는 바로 끊어버렸다. 어떤 사람은 새벽에 전화를 걸어 술 취한 목소리로 "너, 인생 그렇게 살면 안 돼!" 하면서 얼토당토않은 설교를 늘어놓기도 했다.

'참, 요트나 나룻배도 파느냐고 묻는 사람도 있었지.'

고난은 쓰게 웃으며 와이퍼를 켰다. 오른쪽 와이퍼는 고장이 나서 왼쪽만 열심히 움직였다. 그래도 앞을 볼 수 있어 다행이었다. 고난은 기어를 드라이브에 놓고 액셀러레이터를 밟았다. 어디든 가고 싶었다. 아니, 답답한 서울을 벗어나고 싶었다.

고난은 마포를 지나 강변북로를 타고 달리다 경부고속도로로 들어갔다. 부산이라는 이정표를 보는 순간 범어사에 계시는 석정 스님이 떠올랐던 것이다.

석정 스님은 고난에겐 고향 같은 존재였다. 고난이 초등학교에 들어갈 무렵 그를 데리고 서울로 올라와 지금의 부모님을 만나게 해준

분도 바로 석정 스님이었다.

기억조차 가물가물한 어린 시절부터 절에서 석정 스님과 함께 살 았던 고난은 스님이 아버지인 줄 알았었다. 그래서 고난은 양부모님 에게 자신을 맡기고 집을 나서는 스님을 쫓아가 물었다.

"제 아버지 아니세요?"

고난 딴에는 용기를 내서 던진 질문이었다. 하지만 스님은 고난을 쳐다보며 웃기만 할 뿐 아무 말이 없었다. 순간 고난의 마음에서 왠 지 모를 불안함과 섭섭함이 불길처럼 일어났다. 고난은 떨리는 목소 리로 다시 물었다.

"아버지 맞죠?"

그러자 석정 스님은 얼굴에서 웃음을 지우고 입을 열었다.

"고난아. 그건 중요한 게 아니란다. 중요한 건 지금 너에게 부모님 이 생겼다는 사실이야. 그것도 아주 좋은 부모님이. 살아가다 힘들거 나 답답한 일이 생기면 언제든지 나를 찾아오너라."

스님은 가볍게 고난을 품에 안고, 크고 투박하지만 따뜻한 손으로 고난의 머리를 쓰다듬어주었다. 스님의 손은 치유의 능력을 갖고 있 는 듯했다. 스님의 손이 닿는 순간 고난의 복잡한 머리는 박하 향을 맡은 듯 시원해졌고, 어수선한 마음은 빠르게 가라앉았다.

'그래. 석정 스님이라면 그때처럼 지금의 내 고민과 답답함도 시원하게 풀어주실 거야!'

고난은 갓길로 빠져서 차를 세워놓고 내비게이션으로 범어사를 찾았다. 예전에는 동래 범어사라고 했는데 지금은 금정구에 속해 있었다.

고난은 안내 버튼을 누르고 다시 차를 몰아 고속도로로 진입했다. 석정 스님의 인자한 얼굴이 눈앞에 어른거렸다. 꼬박 12년 만이었다. 가끔씩 생각나긴 했지만 오늘처럼 보고 싶었던 적은 없었다.

'많이 변하셨을 거야. 혹시 나를 몰라보면 어쩌지? 아냐. 알아보실 거야. 부모님께서 해마다 범어사에 들러 내 사진과 소식을 전하셨잖아.'

추풍령휴게소에 들러 우동과 김밥으로 늦은 점심을 먹은 고난은 주유소에서 기름을 가득 채우고 부산톨게이트에 도착할 때까지 쉬지 않고 차를 몰았다. 연식이 10년 넘은 차라 너무 부려먹는다고 투덜대고 신음소리를 내기도 했지만 다행히 멈춰 서지는 않았다.

고난은 통행요금을 내고 부산톨게이트를 빠져나왔다. 그리고 말 잘 듣는 어린아이처럼 상냥한 여자 목소리가 알려주는 대로 차를 몰왔다. 내비게이션은 참으로 쓸모 있는 물건이었다. 12년 만에 다시 만난 도시 부산은 그동안 많이 달라져 있었다. 아니, 달라져 있지 않았다 해도 예전의 기억을 되살려 범어사를 찾아가기란 불가능했을 것이다. 당시 대부분의 시간을 범어사 안에서 보냈고, 주변 지리를 기억할 만한 나이도 아니었기 때문이다.

고난은 판매에 이르는 길을 정확히 알려주는 '영업 내비게이션'이 있었으면 좋겠다는 생각을 잠시 했다.

'그런 걸 만들어 팔면 대박 날 텐데!'

하지만 부모님과 친척, 친구들 덕분에 그나마 차를 몇 대 판 이후로 맨땅에 헤딩만 하고 있는 그에게는 언감생심인 일이었다. 현실은 냉혹했다. 사람들은 그를 차팔이 이상으로 보려고 하지 않았다. 심지어 어떤 사람은 그를 자신의 피를 빨아먹기 위해 주변을 웽웽거리며 날아다니는 모기 취급을 했다.

그때 여자 목소리가 다급하게 들려왔다.

"경로를 벗어났습니다. 300m 앞에서 유턴하십시오."

고난은 재빨리 좌측으로 끼어들어 여자가 지시하는 대로 유턴을 했다.

고난은 그 후에도 두어 번 더 여자로부터 경로를 벗어났다는 질책을 받은 후에 가까스로 금정산 범어사에 도착했다. 시계를 보니 오후 5시가 넘어 있었다. 고난은 절 밑에 있는 주차장에 차를 세우고 차 문을 열었다. 빗줄기는 많이 약해져 있었지만 부산에도, 금정산에도 비는 내리고 있었다.

차 밖으로 나온 고난은 가슴을 쭉 펴고 길게 숨을 들이마셨다. 바람과 함께 입 안으로 들어오는 공기가 맑고, 달았다. 가볍게 어깨를 두드리는 비도 시원했다.

고난은 차 트렁크에 있는 우산을 꺼낼까 하다 내처 걸었다. 10분쯤 걸어 올라가자 일주문이 나타났다. 우리나라에서 가장 오래되었다는 일주문 현판에는 '선찰대본산禪刹大本山 금정산범어사金井山梵魚寺'라는 글이 적혀 있었다.

범어사는 신라 문무왕(678년) 때 당나라에 유학을 하고 돌아온 의상대사가 창건한 절로 선찰대본산은 '마음을 닦는 맑은 도량'이라는 뜻을 지니고 있다.

『동국여지승람』에 의하면 동래현 북쪽 20리에 있는 금정산 산마루에 세 길 정도 높이의 돌이 있고, 그 위에 물이 항상 가득 차 있어서 가뭄에도 마르지 않으며, 물빛은 황금색인 우물이 있다고 한다. 한 마리 금빛 나는 물고기가 오색구름을 타고 범천梵天(하늘)에서 내려와 그 우물 속에서 놀았다고 하여 산 이름을 '금정金井(황금샘)'이라 짓고, 절 이름을 범어梵魚(하늘나라의 물고기)라 지었다고 한다.

고난은 천천히 일주문으로 들어갔다. 사찰에 들어가는 첫 번째 문인 일주문을 넘어서는 것은 속세에서 때 묻은 마음을 벗고 부처님의 세계로 들어간다는 의미가 있다.

고난은 어린 시절의 그에게는 놀이다나 마찬가지였던 경내를 둘러보며 천왕문과 불이문을 지났다. 비가 내려서인지 스님들은 보이지 않았다. 보제루를 지나고 대웅전 앞에 이르자 한 스님이 나오는 것이 보였다.

고난은 기쁜 마음에 스님에게 다가가 물었다.

"안녕하세요. 저는 어렸을 때 이곳에 살았던 김고난이라고 합니다. 석정 스님을 뵈러 왔는데 어디 계신지 알 수 있을까요?"

"석정 스님은 출타 중이십니다. 아마 오늘 저녁 늦게나 내일 아침에야 오실 겁니다."

예쁘장하게 생긴 젊은 스님이 말했다.

"꼭 뵙고 싶은데 제가 기다릴 만한 곳은 없을까요?"

"그럼 저를 따라오십시오."

고난은 젊은 스님의 뒤를 따라갔다. 스님은 예전에 고난이 머물던 휴휴정사 근처에 있는 방 하나를 그에게 내주었다.

"이곳에서 기다리십시오. 석정 스님이 오시면 말씀 전하겠습니다."

젊은 스님이 방문을 열며 말했다.

"네. 감사합니다."

고난은 꾸벅 고개를 숙이고 방으로 들어갔다. 마침 벽에 마른수건이 걸려 있었다. 고난은 그 수건으로 대충 몸에 묻은 물기를 닦아내고 길게 누웠다. 어렸을 때 또래 아이들과 함께 지냈던 방 생각이 났다. 정확한 모습은 기억나지 않지만 느낌은 비슷한 것 같았다.

고난은 친구들과 닭싸움을 하다가 진짜 싸웠던 일, 밤늦게까지 잠 안 자고 속닥거리다 석정 스님에게 꾸중을 들었던 일 등을 떠올리다 깜빡 잠이 들었다.

"고난아."

고난은 누군가가 자신을 부르는 소리를 듣고 눈을 떴다. 그새 어둠이 내려왔는지 방 안에는 백열전구가 켜져 있었다. 고난은 허리를 세우고 주위를 둘러보았다. 그의 앞에 한 스님이 앉아 있었다.

"스님!"

고난은 깜짝 놀라 소리쳤다.

"오랜만이구나. 날 알아보겠니?"

"그럼요. 전혀 변하지 않으셨는걸요."

그의 말처럼 석정 스님의 모습은 예전 그대로였다. 다만 이마며 볼에 희미한 주름살이 여러 개 생겼을 뿐이었다.

"그동안 찾아뵙지 못해 죄송합니다."

"아니다. 공부하느라 학교 일 하느라 바쁜 네가 여기 올 새가 있었겠느냐. 초등학교 때부터 줄곧 학생회장을 맡아서 했다는 얘기는 네 아버지한테 들어서 알고 있다. 네가 자랑스럽더구나."

"…자랑스럽긴요. 스님에게 그런 말을 들으니 부끄럽네요."

"부끄러워할 이유 없다. 어디 좀 보자."

석정 스님은 마치 의사처럼 고난의 얼굴과 몸을 자세히 살펴보았다.

"건강해 보여 다행이다. 그런데 여긴 어쩐 일이냐?"

"스님이 보고 싶어서요. 갑자기…."

"그래? 무슨 고민이 있어서 찾아온 건 아니고?"

"네?"

고난은 놀란 눈으로 석정 스님을 쳐다보았다. 스님은 고난의 속마음을 꿰뚫어보고 있는 것 같았다.

"네가 이제 스물다섯 살이 되었구나. 이맘때쯤 찾아올 거라 짐작했었지."

"스님은 제가 어떤 일을 하고 있는지도 알고 계시죠?"

석정 스님은 대답 대신 고개를 끄덕였다. 고난은 무엇엔가 이끌리듯 자동차 판매사원이 되려고 마음먹었던 이유부터 시작해서 지금까지 있었던 일들을 빠짐없이 스님에게 털어놓았다. 스님은 고난이 무슨 말을 하든, 심지어 영업소장 욕을 해도 끊지 않고 귀 기울여 들어주었다.

"너에게 줄 것이 있다. 일어서서 나를 따라오너라."

스님은 고난이 말을 마친 후에야 비로소 입을 열었다.

'나에게 줄 것이 있다니? 뭐지?'

고난은 고개를 갸우뚱하면서도 스님의 뒤를 따라갔다. 스님의 거처는 휴휴정사 바로 옆에 있었다. 고난은 스님을 따라 방으로 들어갔다. 방 안에는 보자기와 다기 그릇 외에는 아무것도 없었는데, 마음을 편하게 하는 향기가 감돌고 있었다.

스님은 보자기에서 책자 두 권을 꺼내 고난에게 내밀었다.

"네 4대조이신 고조할아버님이 어떤 분인지 알고 있느냐?"

"아뇨. 모릅니다."

"그렇겠지. 당연한 얘기를 물었구나. 네 고조할아버님은 조선 제일의 거상이셨다. 함자는 최 씨 성에 높을 고高 자와 빼어날 수秀 자를 쓰셨지."

"제 성이 최 씨였군요. 이제 알았네요. 그럼 아버지는요? 제 아버지는 어떤 분이셨나요?"

"그래. 네 이름은 김고난이 아니라 최고난이다. 네 아버지가 어려움을 겪어야 최고가 된다는 뜻으로 지은 이름이지. 네 아버지 역시 대단한 사업가셨어. 한국에 무사히 계셨다면 지금쯤 삼성이나 현대 못지않은 대기업을 일구셨을 분인데 안타깝게도 네가 세 살 되던 해에 어머니와 함께 유럽으로 출장을 가셨다가 실종되셨다.

혹 나를 네 아버지라고 생각했었느냐? 아니다. 네 아버지는 어렸을 때 할아버지를 따라 가끔 절에 오곤 하셨어. 주지 스님과 할아버님께서 막역한 사이셨거든. 그때 나는 동자승으로 절에서 지내고 있었는데 같은 또래였던 우리는 자연스럽게 친구가 됐지.

네 아버지는 어른이 되어서도 가끔 절에 들러 그동안 있었던 나에게 일들을 들려주곤 했었어. 때로는 어떤 일에 대해 내 의견을 묻기도 했지. 네 아버지는 늘 말씀하셨어. 세상을 떠날 때가 되면 전 재산을 나라에 바치겠다고. 그것은 너의 고조할아버님이 자손에게 남기신 유언이기도 했어."

"참 대단하신 분들이네요. 그런데 이 책들은 뭐죠?"

"한 권은 네 고조할아버님이 생전에 쓰신 일기이고, 다른 한 권은 그 일기를 네 아버지가 너에게 주려고 현대어로 바꾸고 또 다듬은 것이다. 네가 태어날 때부터 시간 날 때마다 옮겨 적으셨지. 그럴 때의 네 아버지 표정은 더할 수 없이 행복해 보였단다."

"그러니까 이 책들이…."

고난은 두 권의 책을 들어 가슴에 끌어안았다. 고조할아버지와 아버지가 그에게 다정한 목소리로 안부를 묻고, 따뜻한 격려와 위로의 말을 해주는 것 같았다. 고난은 눈물이 쏟아져 내릴 것 같아 벌떡 자리에서 일어났다.

"네 아버지가 유럽 출장을 떠나기 전에 나를 찾아와서 맡긴 책들이다. 네가 스물다섯 살이 되었을 때 전해 주라고 부탁하시더구나. 혹시 무슨 일이 생길지도 모른다고 생각하셨던 모양이야."

"왜 하필 스물다섯 살이죠?"

"글쎄. 그 이유는 나도 잘 모르겠다."

"저 이만 가볼게요. 주무세요."

"밤이 늦었으니 불편하더라도 오늘은 이곳에서 자고 내일 떠나거라."

"네, 스님."

고난은 공손히 합장을 하고 스님의 거처를 나왔다. 추적추적 내리던 비는 그쳐 있었지만 바람은 여전히 심하게 불었다. 고난은 바람에 떠밀리듯 자신의 방으로 갔다.

방 안에 들어선 고난은 불을 켜고 앉은뱅이책상 앞에 앉아 품고 있던 책을 내려놓았다. 두 권의 책은 겉장이 똑같았지만 고조할아버님의 일기에는 '有志者事竟成' 이라는 한문이 써져 있었고, 아버지가 옮겨 적은 책에는 그 한문 옆에 '의지를 품은 사람은 원하는 일을 이룰 수 있다.' 는 뜻풀이가 적혀 있었다.

고난은 먼저 고조할아버님의 일기를 들춰보았다. 글씨체는 투박하지만 힘차 보였는데 마치 기호처럼 보이는 옛글(언문)과 한문이 뒤섞여 있어 좀처럼 읽어 내려가기 힘들었다. 고난은 고조할아버님의 일기를 덮고 아버지가 남긴 책을 열어보았다. 아버지의 글씨체는 고조할아버님의 그것과는 달리 부드럽고 단정했다. 글도 소설 형식으로 풀어나가 읽기가 편했다.

고난은 아버지와 고조할아버지를 동시에 만날 수 있는 소중한 기회로 여기고 마음에 새기듯 한 글자, 한 글자 천천히 읽어 내려가기 시작했다.

심길후식 영업 개척비법 강의 1

당신도 영업천재가 될 수 있다

강의에 들어가기에 앞서 여러분에게 묻겠습니다.

고난은 왜 자신이 선택한 길을 힘겹게 걸어가고 있는 것일까요? 다시 말해 왜 이토록 영업에 어려움을 겪고 있는 것일까요?

그 이유는 단 하나입니다. 영업을 잘하는 방법을 모르기 때문입니다. 그럼 영업을 잘하려면 어떻게 해야 할까요?

지금부터 그 방법에 대해 말씀드리도록 하겠습니다. 마음의 문을 열고 들어주십시오. 그동안 노점, 행상, 광고, 팬시, 잡화, 술, 휴대폰, 생리대 방문 판매 등을 하면서 쌓은 영업 노하우를 아낌없이 알려줘

서 대한민국의 모든 영업인을 영업천재로 만드는 것이 제 목표이자
바람이니까요.

이제 본격적인 강의에 들어가도록 하겠습니다.
"영업이란 무엇일까요? 과연 무엇을 말하는 것일까요?"
강의 시간에 이러한 질문을 수강생들에게 던지면 대부분 "물건을
팔아서 돈을 버는 것"이라고 대답합니다. 맞습니다! 영업이란 내가
가지고 있는 아이템을 팔아서 이윤을 창출하는 것입니다.
그렇다면 영업을 잘하기 위해서는 어떻게 해야 할까요? 좀 더 구
체적으로 말해서 내 물건 잘 팔리려면 어떻게 해야 할까요?
많은 영업인들이 물건을 팔기 위해 열심히 고객을 찾아갑니다. 그
러나 고객들을 만나기가 쉽지 않지요. 반가워하기보다는 귀찮아하
는 사람이 훨씬 더 많습니다. 그래도 일단 만나주면 농담과 칭찬으로
어르고 달래면서 눈치를 살피지요. 그러다 틈이 보이면 재빨리 제품
설명을 늘어놓고 고객의 입에서 사겠다는 말이 나올 때까지 기다립
니다. 무언의 압박을 가하는 것이죠. 때로는 지금 사지 않으면 큰 손
해를 볼 거라고 윽박지르기도 하고, 때로는 값비싼 선물을 해주겠다
는 달콤한 말로 유혹합니다. 인정에 호소해서 측은한 감정을 느끼게

만들기도 하지요.

그러나 이런 방식으로는 성과를 올리기 어렵습니다. 지치고 힘들기만 할 뿐이죠. 고객들은 필요한 물건이 아니라는 판단이 서면 단호하게 거절하기 때문입니다.

어떤 사람은 실패의 이유가 부족한 상담 실력에 있다고 생각하고 화술, 즉 말빨을 키우려고 합니다. 물론 화술도 필요합니다만 그것이 전부가 아니라는 사실을 잊어서는 안 됩니다. 그보다는 영업에 대한 정의를 살짝 바꿔보면 어떨까요?

영업이란 '영업인이 고객에게 물건을 파는 것'이 아니라 '고객이 영업인에게 물건을 사는 것'이라고요. 보세요. 주어가 영업인에서 고객으로 바뀌었죠? 또 무엇이 바뀔까요? 아마 영업에 임하는 자세가 바뀔 겁니다.

제가 이런 얘기를 하는 이유는 영업을 잘하기 위해서는, 즉 고객이 내 물건을 잘 사게 하기 위해서는 '구매 확률이 높은 고객을 찾아내서 만나야 한다.'는 것을 강조하기 위해서입니다.

물건을 살 마음이 없는 사람에게는 무슨 말을 해도 잘 먹히지 않습니다. 반면에 구매 의사가 있는 사람에게 물건을 파는 것은 아주 쉬운 일입니다.

예를 들어 여기 차에 대해서는 전혀 관심이 없는 '안사' 라는 고객과 차를 사고 싶어 하는 고객 '사려고' 가 있다고 합시다. '사려고' 는 차종도 결정했고 돈도 이미 마련해 놓았습니다. 그런데 어디서 사야 좋을지 몰라 여기저기 알아보던 중 '잘팔아' 라는 영업사원이 유능하다는 말을 듣고 찾아가 만났습니다.

'안사' 는 '잘팔아' 가 찾아가서 아무리 어르고 달래고 설득해도 끄떡도 하지 않을 겁니다. '나한테 차를 팔아먹으려고 온갖 거짓말을 다 하고 있는 거야!' 라는 의심을 할 테니까요. 반면에 '사려고' 는 '잘팔아' 가 무슨 말을 해도 거짓말을 하고 있다는 생각은 하지 않을 겁니다. 오히려 귀를 기울여 듣겠지요. 차를 사는 것이 그의 목적이니까요.

차뿐만 아니라 모든 물건이 다 그렇습니다. 필요하다고 생각하는 사람이나 정말 필요한 사람을 찾아가서 구매 결정을 내리도록 하는 것이 바로 영업입니다.

이쯤에서 영업을 단계별로 나눠보도록 하겠습니다.

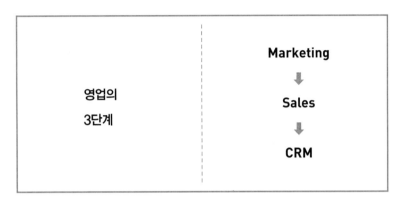

영업을 하기 위해서는 먼저 내 물건을 사줄 고객부터 찾아야 합니다. 이것이 첫 번째 단계인 마케팅입니다. 전단지를 뿌리든 신문에 광고를 하든 고객을 내 앞으로 오게 해야 영업이 이루어지는데 이처럼 고객을 내 앞으로 오기 위해서 행하는 일련의 일들을 마케팅이라고 합니다.

고객을 찾은 후에는 무엇을 해야 할까요? 그렇습니다. 고객과 상담을 해야 합니다. 이것이 두 번째 단계인 세일즈입니다.

상담을 잘해서 판매를 했다면 그 고객을 지속적으로 관리를 하여 추가판매, 재판매를 하고 소개를 통한 판매가 이루어질 수 있도록 해야 합니다. 이것이 세 번째 단계인 CRMCustomer Relationship Management ; 고객관계관리입니다.

이 세 단계가 유기적으로 결합될 때 영업이라는 큰 틀은 완성됩니다. 다시 말해 영업을 잘하기 위해서는 고객을 잘 찾아야 하고, 그렇게 만난 고객과 제대로 상담을 진행해서 실적을 올려야 합니다. 또한 한 분의 고객을 통해 여러 고객을 만날 수 있는 고객관계관리도 당연히 잘해야 합니다.

심길후식 영업 개척비법 8가지 용어 설명

프로세스Process : 고객 발굴 흐름 설계도.

타깃팅Targeting : 낚시를 할 때 가장 먼저 정하는 것이 어종인 것처럼 어떠한 고객들에게 판매를 할 것인지 정하는 과정. 이를 통해 로볼, 개입상품, 포인트, 레터 등의 세부내용이 결정됨.

포인트Point : 잠재고객의 DB를 확보할 수 있는 곳. 온라인 포인트, 오프라인 포인트, 콘셉트별 포인트로 나뉨.

프로덕트Product : 내가 취급하는 상품군 중에서 주력으로 밀 수 있는 상품인 주력상품과 주력상품의 판매를 유도할 수 있는 개입상품을 일컬음.

레터Letter : 텍스트와 이미지로 이루어져 있는 모든 홍보물. 전단지, DM, 현수막, 명함, 팩스, 택배 박스, 쇼핑백, 영수증 등의 오프라인 레터와 쪽지, 이메일, 게시판 글 등의 온라인 레터로 나뉨.

로볼Low Ball : 고객이 프로세스 계단을 한 계단, 한 계단 올라갈 수 있게 만드는 촉매제. 정보, 경품, 할인, 샘플, 체험, 서비스 등이 있음.

멘토 포지셔닝 Mentor Positioning : 고객들로부터 신뢰감과 전문성, 친근함을 동시에 갖춘 전문가라는 인식을 얻어내기 위한 브랜딩 전략.

셀프 어프로칭 Self Approaching : 로볼과 레터, 멘토 포지셔닝 등으로 잠재고객 DB가 최초 확보되었을 때 온, 오프라인의 관리를 통해 그 DB의 고객들이 자발적으로 연락해서 상담을 신청할 수 있는 시스템을 구축하는 것.

조선 제일의

마팔이가

되고 싶습니다

주모가 만든 파전 맛을 보니, 정성을 쏟으면 그만큼 맛도 더 좋아질 것 같아서 하는 말이오. 여기에 다른 주막의 파전과 모양새가 다른, 예를 들어 크기나 두께 등이 다른 파전을 만들어 팔면 손님들의 관심을 끌 수 있을 것이오. 예컨대 주모만이 낼 수 있는 맛과 모양을 갖춘 파전을 만들라는 뜻이오. 그런 다음 사람을 사서라도 주모의 파전이 특별하다는 것을 저잣거리가 들썩일 정도로 요란하게 소문을 내고 다니도록 해야 하오.

1879년(고종 16년) 5월 11일

오늘이 바로 스물다섯 살 내 생일이며, 조선영업인회에 들어온 첫날이기도 하다. 이제부터 일기를 쓰는 이유는 스물다섯 살 생일과 조선영업인회에 들어온 것을 기념하기 위함도 있지만 오늘을 기점으로 달라질 내 이야기를 기록으로 남기고 싶은 마음이 크기 때문이다.

내가 원하는 목표는 조선 최고의 마馬팔이가 되는 것이다. 목표가 이루어질지, 아니면 헛된 꿈으로 끝날지는 나도 잘 모르겠다. 하지만 나는 믿는다. 의지만 있다면 반드시 목표를 이룰 수 있을 거라고.

오늘 일기는 지난 4개월 동안 있었던 일들을 정리하는 것으로 시작할까 한다.

'사람을 낳으면 한양으로 보내고, 말을 낳으면 제주도로 보내라.'
는 말이 있다. 내가 4개월 전 고향인 동래를 떠나올 때 부모님을 설득
하기 위해 써먹은 말이다. 나는 한양에서 큰돈을 벌면 어렸을 때 고
아가 된 나를 거두어 이만큼 키워준 부모님에게 은혜를 갚을 수 있을
거라고 생각했었다.

부모님은 친자식처럼 애면글면 키운 나와 헤어지는 것이 많이 섭
섭하신 모양이었지만 내 발걸음을 막으려 하지는 않으셨다. 오히려
노잣돈을 두둑이 챙겨주시며 애써 미소까지 지어보이셨다. 나는 끼
니 잘 챙겨 먹고, 힘들면 언제든 내려오라는 부모님에게 반드시 성공
해서 올 테니 1년 만 기다려 달라고 말했다.

"그으래. 누구 자슥인데 어련히 알아서 잘 안할까."

"퍼뜩 들어가이소. 내 이제 가꾸마."

나는 뒤돌아서서, 눈물을 보이지 않으려고 애쓰는 부모님이 마음
속으로 흘리는 눈물을 빗방울처럼 맞으며 꼬박 이틀을 걸어 한양에
올라왔다.

한양은 역시 한양이었다. 동래와는 비교도 할 수 없을 만큼 크고
화려한 집들이 많았고, 거리를 오가는 사람들도 많았다.

나는 부모님이 주신 돈을 아끼기 위해 외진 곳에 있는 초라한 주막

에 거처를 정했다. 그리고 다음 날 아침 일찍부터 저잣거리로 나아가 옷감이며 방물, 옹기그릇 등을 파는 장사치들의 모습을 구경했다. 돈을 벌 수 있는 가장 빠르고 쉬운 방법이 장사라고 생각했던 것이다. 그러나 장사치들의 모습은 그다지 여유 있어 보이지 않았다. 여유롭기보다는 오히려 거리를 지나치는 사람들을 쳐다보는 눈에는 의심이 가득했고, 손님을 대하는 표정에서 비굴함과 잔인함이 동시에 느껴지는 장사꾼들이 더 많았다.

어느덧 서서히 해가 저물고 있었다. 나는 날씨는 춥고, 다리는 아프고, 배도 찢어질 듯 고파 임시 거처인 주막으로 향했다. 점심값을 아끼느라 떡 몇 점 사먹었으니 배가 고픈 것은 당연한 일이었다.

나는 서둘러 걸음을 옮기다 주막 근처 목장 같은 곳에 말들이 모여 있는 것을 보았다. 조랑말부터 적토마처럼 멋지게 생긴 말까지 다양한 말들이 일렬로 늘어서서 허연 콧김을 뿜어내고 있었다. 태어나 처음 보는 진풍경이었다.

'대단하군. 아무래도 속담을 바꿔야겠는걸. 사람뿐만 아니라 말들도 태어나면 한양으로 보내야 한다고.'

나는 멍하니 서서 울타리 너머에 있는 말들을 정신없이 구경했다. 한참 쳐다보고 있으니 말들과 뭔가 끈적끈적한 인연이 있는 듯한 느

껌마저 들었다. 그때 목장 안에서 사내 세 명이 몰려나왔다. 나는 몸을 돌려 저잣거리를 향해 걸어가는 척하다 사내들의 뒤를 밟았다. 사내들은 마침 내가 묵고 있는 주막에 들어가 탁배기(막걸리)와 안주거리를 시켰다. 나도 그들 옆자리에 앉아 장국을 시켜 먹었다. 뜨근뜨근한 국물이 들어가자 몸이 좀 풀리는 것 같았다.

나는 천천히 장국을 떠먹으며 사내들의 이야기에 귀를 기울였다.

"즉근이, 자네 오늘 한 건 올렸다며?"

덩치가 크고 얼굴이 곰보처럼 얽힌 중년의 사내가 앞에 앉은 다부진 체격의 청년에게 막걸리를 한 사발 따라주며 물었다.

"간신히 한 건 했수다. 며칠 만인지 모르겠수."

"커억! 이 사람 지금 무슨 소리를 하는 거야. 우리는 이번 달에 아직 마수걸이도 못 했구먼. 더군다나 자넨 5원(현재 화폐 가치로는 약 100만 원)이나 되는 이문을 남기지 않았나."

청년 옆에 앉은 비쩍 마르고 성깔 있게 생긴 사내가 입에 문 막걸리를 소매로 닦으며 투덜거렸다. 나는 깜짝 놀랐다. 5원이면 쌀 다섯 가마니도 넘게 살 수 있는 큰돈이었다.

"그렇게 되나? 미안하우, 성님들. 대신 오늘 술값은 내가 낼 테니 아무 걱정 말고 마음껏 드시우."

"정말인가? 그렇다면야 염치 불구하고 먹고 마시겠네."

그제야 삐쩍 마른 사내의 얼굴에 웃음이 돌았다.

"아이구, 속보인다, 속보여."

곰보 사내는 혀를 끌끌 차더니 주모를 불러 큰소리로 말했다.

"오늘 매상 좀 올릴 터이니 빨리 술 두 되 더 내오고, 안주거리도 솜씨를 발휘해서 맛있는 걸로 넉넉히 만들어 오게."

"참 나. 나 보고 속보인다더니 사돈 남 말 하고 자빠졌네."

비쩍 바른 사내가 아니꼽다는 듯 콧방귀를 뀌었다. 서로 스스럼없이 하대를 하는 것으로 봐서 그와 곰보 사내는 친구 사이인 것 같았다.

"그런가? 어쨌든 이왕 얻어먹는 거 배 터지지 않을 만큼만 즐겁게 먹고 마시면 되는 거 아니나?"

곰보 사내의 말에 세 사람은 주막이 떠나갈 듯 웃으며 주모가 가져온 술을 주거니 받거니 했다.

나는 추위도 참으며 사내들의 술자리가 끝나기만을 기다렸지만 그들은 술이 거나하게 오르자 술판을 방 안으로 옮겼다. 아마도 주막에 있는 술이 다 떨어질 때까지 퍼마실 모양이었다. 그나마 다행인 것은 그들이 들어간 방이 바로 내 옆방이라는 사실이었다.

나도 방에 들어가 언 몸을 녹이며 건넛방에서 흘러나오는 목소리에 귀를 기울였다. 하지만 아무리 들어도 사내들이 무슨 말을 하는지 그 내용을 알 수 없었다. 그때 누군가가 일어서는 기척이 느껴졌다.

"측근이, 자네 어디 가나?"

"소피 좀 보려고 그러우. 왜? 술값 떼먹고 도망갈까 봐 그러슈? 곧 돌아올 터이니 걱정 붙들어 매슈."

나는 방문 열리는 소리가 들리자마자 곧바로 뛰쳐나왔다. 측근이라는 사내가 신발을 신고 주막을 가로질러 비틀비틀 걸어갔다. 나는 들키지 않도록 조심조심 측근의 뒤를 밟았다. 측근이 향하는 곳은 마장인 듯했다. 내 예상대로 마장에 도착한 측근은 횃불을 들고 경계를 서는 사내들과 몇 마디 주고받은 후 자고 있는 말들을 살펴보았다. 술을 많이 마신 것 같았는데 측근은 취한 것처럼 보이지 않았다. 비틀거리던 걸음걸이도 이제는 전혀 흐트러짐이 없었다.

"그럼 고생들 하슈."

한참 동안 말을 살피던 측근이 횃불을 든 사내들에게 인사를 하고 마장 밖으로 나왔다. 나는 그에게 들킬 새라 재빨리 울타리에 몸을 붙였다. 하지만 측근은 몸을 숨기는 내 모습을 본 모양이었다.

"거기 있는 양반, 나 좀 보세."

나는 울타리에서 몸을 떼고 쭈뼛쭈볏 그에게 다가갔다. 측근은 내가 자신의 뒤를 쫓아왔다는 사실을 알고 있는 듯 물었다.

"왜 내 뒤를 밟은 건가?"

"저도 어르신처럼 되고 싶어서요."

"뭐? 어르신."

측근은 크게 웃으며 나를 살펴보았다.

"음, 나보다는 어린 것 같군. 하지만 어르신이라니. 성님이라 부르게."

"그래도 되겠습니까?"

"그래. 나처럼 말을 파는 일을 하고 싶다고?"

"네."

"이유를 물어도 되겠나?"

"전 돈을 벌려고 고향인 동래를 떠나 한양에 올라왔습니다. 처음엔 장사를 하려고 했지만 밑천도 없고, 또 저잣거리의 장사치들을 보니 아무리 열심히 장사를 해도 많은 돈을 벌기는 힘들 것 같다는 생각이 들었습니다. 그때 마침 주막에서 성님이 하시는 말씀을 들었습니다. 말 하나 잘 팔면 쾌 큰돈을 만질 수 있겠더군요."

"물론 그렇지. 하지만 말 한 필 팔기가 얼마나 어려운 줄 아나?"

"한번만 도와주십시오. 그 은혜는 결코 잊지 않겠습니다."

"은혜라는 말, 듣기 거북하군. 내가 도와줄 수 있는 건 자네를 장주님께 소개해 주는 것뿐이네. 그 후의 일은 자네가 알아서 해야 해. 자네에게 말을 파는 방법을 가르쳐줄 사람은 아마 단 한 명도 없을걸세. 겉으로는 웃고 지내도 모두가 경쟁자거든. 생각해 보게. 자네가 말을 많이 팔면 팔수록 그만큼 내가 못 팔지 않겠나?"

"저를 장주님께 소개시켜 주는 것만으로도 충분히 감사합니다. 앞으로 많이 배우겠습니다."

"가르쳐주는 일은 절대 없을 거라지 않았나."

측근 성님은 껄껄껄 웃으며 내 어깨를 쳤다. 말을 그렇게 했지만 측근 성님은 분명 내게 호의를 베풀고 있었다. 나는 측근 성님과 함께 주막으로 돌아왔다. 측근 성님은 주막 가까이 이르자 갑자기 술 취한 사람처럼 비틀거리며 걸었다.

나는 다음 날 점심 무렵 측근 성님의 소개로 마장에 있는 천막 안에서 장주를 만났다. 말을 다루는 사람이라 호피를 몸에 걸친 덩치 큰 털보일 거라고 생각했는데 아니었다. 장주의 용모와 옷차림은 선비처럼 깔끔했다.

"측근이에게 들었네. 이 일을 택한 이유가 큰돈을 벌 수 있을 것 같아서라고?"

"네. 시켜만 주신다면 열심히 하겠습니다."

"열심히 하는 건 아무 소용이 없네. 놀더라도 말을 잘 팔면 그걸로 된 거야. 내 말, 무슨 뜻인지 알겠나?"

"네? 아, 네. 잘 알겠습니다."

"쇠뿔도 단김에 빼랬다고 오늘부터 시작하게. 말 종류에 대해선 여기 측근이가 잘 설명해 줄 거야. 말을 팔려면 먼저 말에 대해서 잘 알아야겠지. 그리고 또 하나. 사람들을 혹 하게 만드는 화술이 필요하지. 하지만 자네에게 공짜로 화술을 가르쳐줄 친구는 아마 없을걸세. 자네가 알아서 보고 듣고 배워야지. 이제 그만 나가 보게."

장주는 측근 성님에게 나를 데리고 나가라는 손짓을 했다.

"열심히, 아니 요령껏 잘하겠습니다."

나는 큰 소리로 인사를 하고 측근 성님을 따라 밖으로 나왔다. 측근 성님은 말들이 있는 곳으로 나를 데려갔다.

"딱 한 번 설명하고 끝낼 테니 잘 들어둬. 이놈처럼 몸집이 작은 것을 제주마 또는 제주도 조랑말이라고 하고, 여기 이놈처럼 털빛이 검은 것을 검정말 또는 가라말이라고 하지. 말을 낳으면 제주도로 보내라는 속담, 자네도 알고 있겠지? 제주도에서 말을 기르게 된 것은 고려 원종 때 원나라에서 제주도에 목장을 만들고, 충렬왕 2년(1276년)에 몽고말 160마리를 들여오면서부터라고 하더군. 자, 다시 본론으로 돌아가서 여기 이놈처럼 몸은 희고 갈기가 검은 것은 가리온, 이놈처럼 털빛이 누런 것을 공골말, 이놈처럼 털 빛깔이 밤색인 것을 노랑말 또는 구렁말, 이놈처럼 이마와 뺨이 흰 것은 간자말, 이놈처럼 등에 검은 털이 난 누런 말은 고라말이라고 한다. 관우의 적토마, 항우의 오추마에 대해선 들어서 알고 있겠지? 이놈처럼 털빛이 붉은 것을 적토마赤兎馬라 하고, 이놈처럼 검은 털에 흰 털이 섞인 것을 오추마烏騅馬라고 하지. 지금 여기에는 없지만 아라사俄羅斯(러시아)나 서역西域으로부터 들어온 진귀한 말들도 있으니 알아두는 것이 좋을 거야. 가끔 찾는 손님들이 있거든."

측근 성님은 나와 말을 번갈아 쳐다보며 설명을 계속했다.

"말은 놀랐을 때는 머리와 꼬리를 높이 들고, 콧구멍을 열고 크게 숨을 쉬어. 겁이 났을 때는 귀를 뒤로 눕히고 꼬리를 다리 사이에 넣고 도망치려고 하고, 화가 나면 이를 드러내고 귀를 뒤로 젖히면서 한쪽 뒷다리를 들거나 땅을 차고, 기분이 좋으면 목을 숙이고 머리를 앞으로 내뻗으며 눈을 가늘게 뜨지."

측근 성님은 말의 종류나 감정 변화에 따른 행동뿐만 아니라 각각의 말들에 매겨져 있는 가격이 얼마인지에 대해서도 자세히 알려주었다.

"말 한 필을 팔면 그것에 매겨진 가격만 장주님께 드리면 돼. 그러니 값을 많이 받을수록 자네에게 떨어지는 이문도 크겠지?"

"네. 정말 감사합니다. 고맙습니다."

나는 진심으로 측근 성님이 고마워서 여러 번 고개 숙여 인사를 했다.

"말로만 때울 게 아니라 뭐라도 사야 하는 거 아냐?"

"그럼요. 지당하신 말씀이십니다. 오늘 저녁은 제가 대접할 테니 마음껏 드십시오."

"아닐세. 농 한번 쳐본 걸 가지고 이리 정색을 하면 내가 곤란하지. 자네가 무슨 돈이 있겠나. 저녁은 먹을 걸로 함세."

나는 측근 성님이 내게 잘해 주는 이유를 한 달쯤 지난 후에야 알았다. 측근 성님은 내게 고향에 있는 동생이 나와 많이 닮아 처음 봤을 때부터 내가 동생처럼 친근하게 느껴졌다고 말했다.

나는 다음 날부터 본격적으로 마팔이에 나섰다. 주막에서 본 곰보 사내와 삐쩍 마른 사내가 하는 것처럼 말이 그려진 종이를 잔뜩 들고 저잣거리로 나가 제법 잘 차려입은 선비들이 지나가면 나누어주었고, 크고 화려한 집들을 찾아가 하인들에게 주인을 만나게 해달라고 사정하며 매달렸다. 그렇게 얼굴에 철판을 깔고 열심히 발품을 팔았지만 효과는 전혀 없었다. 선비들은 나에게 받은 종이를 거들떠보지도 않았고, 하인들은 일언지하에 내 부탁을 거절했다. 결국 나는 일주일이 지나도, 2주일이 지나도 말 한 필 팔지 못했다. 한 달 만에 장돌뱅이 사내에게 조랑말 한 마리 판 것이 고작이었는데, 내게 떨어진 이문은 1원도 채 되지 않았다. 한 달에 겨우 1원이라니, 참으로 답답한 일이었다.

그날 밤늦게 측근 성님이 주막으로 나를 찾아왔다. 그는 처음 봤을 때부터 내가 동생처럼 친근하게 느껴졌다는 말로 입을 열었다. 그리고 친동생에게 하듯 부드럽게 물었다.

"어때? 말 파는 일이 생각보다 힘들지?"

"네. 힘이 들기도 하고, 부끄럽기도 하네요. 정말 자신 있었는데 여태 조랑말 한 마리밖에 못 팔았으니…."

"나는 내일 수원으로 떠나네. 그곳에 따로 마장을 차렸거든."

"네? 마장을 차려요?"

"그래. 애초 계획은 3년 만에 내 마장을 갖는 거였는데, 석 달이나 늦어졌군."

"성님과 헤어져야 한다니 섭섭하네요. 하지만 진심으로 축하드려요."

"고맙네. 내가 떠나기 전에 자네를 찾아온 것은 들려줄 말이 있어서야."

측근 성님은 진지한 눈빛으로 나를 바라보았다. 나는 그의 입에서 뭔가 중요한 이야기가 흘러나올 것 같아 귀를 쫑긋 세웠다.

"지금 자네가 하는 방식에는 문제가 많아. 알림 종이를 아무리 뿌려대도, 잘사는 집을 몇 번씩 찾아가도 말을 팔기는 힘들어. 왜? 선비들에게는 말이 별로 필요하지 않고, 좋은 말을 원하는 지위 높은 분들은 자네를 만나려 하지 않기 때문이야. 자네를 만나면 격이 떨어진다고 생각하거든."

"그럼 제가 어떻게 해야 하죠?"

"한 가지만 알려주지. 중요한 것은 타객他客(요즘 말로 하면 타깃이 될 듯)이야. 즉 나와 상관없는 타인과 내가 모실 손님이 될 만한 사람을 명확히 가려내고, 손님이 될 만한 사람을 만나기 위해서 집중해야 한다는 뜻이네. 하지만 그 방법까지 가르쳐줄 수는 없어. 자네가 찾게.

그래야 자기 것이 되니까."

"조금만 더 알려주시면 안 될까요?"

"말뿐만 아니라 물건은 필요로 하는 사람에게 가져가야 팔릴 확률이 높다는 것쯤은 알고 있지 않나."

"그야 그렇죠."

"말을 필요로 하는 사람을 찾아서 그를 내 사람으로 만들기만 하면 문제는 간단히 해결될 것 아닌가."

"그게 어디 쉽나요? 말을 필요로 하는 사람이 누군지 어떻게 알아내죠?"

"관찰. 뚫어지게 살펴보면 알 수 있다네."

측근 성님은 자리에서 홀쩍 일어서며 말했다. 나도 그를 따라 일어섰다.

"내일 아침 일찍 떠나야 하니 이만 가보겠네. 몸 건강히 잘 있게."

나는 측근 성님의 말을 더 듣고 싶었지만 아침 일찍 길을 떠난다는 사람을 더 이상 붙잡을 수는 없었다.

"성님도 건강하세요. 수원에 마장 여신 거 다시 한 번 감축드려요."

"고맙네. 여유가 생기면 유람 삼아 한번 놀러오게나."

"네. 꼭 찾아뵐게요."

나는 문을 열고 나가는 측근 성님의 뒤를 따라갔다. 측근 성님은 주막을 나와 한참을 말없이 걸어가다 갑자기 뒤돌아섰다.

"어디까지 따라올 작정인가? 바람이 차네. 어서 들어가게."

"섭섭해서 그러지요, 성님."

"그만 들어가래두. 내가 아까 한 얘기 잊지 말고."

"네, 가슴에 새겨두고 방법을 찾아보겠습니다."

"부디 좋은 방법을 찾길 바라네."

측근 성님은 그 말을 남기고 몸을 돌려 다시 길을 걸어갔다. 나는 멍하니 서서 그의 모습이 어둠 속으로 사라지는 것을 지켜보았다.

그러나 나는 측근 성님이 말한 '방법'을 찾을 기회조차 갖지 못했다. 며칠 후 선비처럼 단정하고 얌전하게만 보였던 장주가 역모에 연루되었다는 이유로 의금부 관원들에게 붙잡혀간 후로 마장이 풍비박산 나고 말았기 때문이다. 말들은 모두 조정에서 거둬갔고, 나를 비롯한 마팔이들은 포도청으로 끌려가 매서운 추문推問(죄상을 엄하게 따져 물음)을 받았다. 감옥 안에서는 장주를 조정에 고해바친 사람이 바로 측근이라는 소문이 떠돌았다. 그 대가로 수원에 마장을 차린 거라고들 했다. 나는 떠도는 소문을 믿지 않았지만 내용이 그럴듯한 것도 사실이었다.

나와 마팔이들은 일주일 넘게 관원들에게 시달리다 간신히 무혐의로 풀려났다. 장주는 비교적 죄질이 약해 남해에 있는 섬으로 귀양을 갔다는 소식이 들렸다. 포도청을 나온 우리는 혹시나 하는 생각에 우르르 마장으로 몰려갔지만 역시나 마장은 텅 비어 있었다. 동료 마팔이들은 한숨을 푹푹 내쉬며 제각기 살길을 찾아 흩어졌다. 나도 고향에 내려가야겠다는 생각을 했다. 더 이상 한양에 머무르는 것이 무섭고 두려웠다. 뭘 해보겠다는 의욕도 물거품처럼 사라지고 없었다.

나는 주막에 들러 옷가지가 들어 있는 봇짐을 둘러매고 곧장 동래로 내려갔다. 그때만 해도 내가 다시 한양에 올라오리라고는 짐작조차 하지 못했다.

한양을 떠나 꼬박 이틀을 걸어 동래 장터에 이르자 눈에 띄는 것이 하나 있었다. 바로 대박 주모의 주막이었다. 예전에는 작고 볼품없었던 주막이 지금은 크고 멋진 음식점으로 변해 있었다. 주인이 바뀌었나 했는데 아니었다. 나는 바쁘게 움직이는 아주머니들 사이에서 대박 주모를 발견하고 다가갔다.

"아니 이게 누구야? 고수 총각 아니야? 한양 갔다고 들었는데 언제 온 거야?"

대박 주모는 나를 보더니 반색을 하며 물었다.

"이제 막 왔소. 그런데 이게 어찌 된 일이오. 겨우 넉 달 만에 변해도 이렇게 변할 수가 있나."

변한 것은 주막뿐만이 아니었다. 대박 주모의 얼굴도 예전보다 훨씬 젊어 보였다.

"지금 한창 바쁠 때라 말을 섞기 힘드니 두어 시진(시간) 후에 다시 들르게. 자세한 얘기는 그때 나누지."

"알겠수."

나는 집으로 가지 않고 주막 근처에서 기다리고 있다가 손님들이 빠져나가는 것을 보고 다시 들어갔다. 대박 주모는 나를 평상에 앉히고 일하는 아주머니에게 파전과 술을 내오라 일렀다.

"돈 벌러 갔다는 얘기는 들었네. 그래, 많이 벌어 왔나?"

"그런 건 묻지 마슈."

"행세를 보고 짐작은 했네만 너무 실망하지 말게. 아직 젊지 않은가."

"내 얘기는 접고 주모 이야기나 해보슈. 대체 어찌 된 거요?"

"고수 총각도 알다시피 손님들이 들끓어도 워낙 싸게 팔아 남는 게 별로 없지 않았나."

"그러게나 말이우."

대박 주모는 파전과 술이 나오자 한 사발 가득 부어서 내게 건넸다.

"나도 한 잔 주게. 마시고 나서 얘기하지."

"그러슈."

나도 대박 주모의 잔에 술을 가득 따랐다. 주모는 사내처럼 단숨에 잔을 비우고 나를 쳐다보았다.

"고수 총각이 떠난 다음 날이었을 거야. 저녁 무렵에 키가 크고 점잖게 생긴 양반이 하인 둘을 거느리고 우리 주막에 들렀지. 부산에 오는 길에 술과 파전 맛이 일품이라는 소문을 듣고 일부러 찾아왔다며 하룻밤 묵고 갈 터이니 방 하나 내주고 술상을 봐오라고 하더군. 내가 후닥닥 파전을 부쳐서 술상을 들고 들어가자 그 양반이 장사 잘 되냐고 묻지 않겠어. 나는 사람들이야 많이 들락거리지만 워낙 싸게 팔아 남는 게 없다고 솔직히 말했지. 근처 주막들 모두 사정이 비슷하다고. 그랬더니 그 양반이 왜 하필 자신이 그 많은 주막을 놔두고 여기 들어왔는지 아느냐고 묻더군. 나는 모르겠다고 대답했지. 그러자 자신이 여기 들어온 이유는 내 주막이 가장 가까운 곳에 있었기 때문이라고 하면서…"

대박 주모는 꿈을 꾸는 듯 몽롱한 눈빛으로 장황하게 이야기를 늘어놓았다. 아무래도 그때 찾아온 양반에게 반한 것 같았다. 대박 주모는 그 양반이 조선영업인회 회주인 심오한이라고 했는데, 그와 주모가 나눈 이야기를 정리하면 다음과 같다.

심오한 : 무릇 장사를 하는 사람이라면 손님들이 다른 상점을 뒤로 하고 나를 찾아와 물건을 사는 이유를 반드시 갖추어야만 하오. 그렇지 않으면 장사가 안 된다고 속을 태우는 무수히 많은 상인들 중 한 명이 될 뿐이오. 주막 역시 마찬가지라오. 다른 주모들이 흉내 내지 못하는, 자신이 만들 수 있는 최고의 요리 하나에 집중하고 적정한 이문을 붙여서 팔도록 하시오. 물건이라는 것은 아무리 싸게 팔아도 손님 입장에서는 비싸게 느껴지기 마련이라오. 무슨 얘기인고 하니 주모가 술과 음식을 아무리 싸게 팔아도 그것을 알아주는 손님은 없다는 뜻이외다.

대박 주모 : 그러다 망하기라도 하면 회주님이 책임지실 거유?

심오한 : 내가 보기에 이 주막, 망하기 일보 직전이오. 주막 문 닫고 싶지 않으면 내 말대로 술과 음식에 적정한 이문을 붙이시오. 물

론 그 전에 반드시 명심해야 할 점이 하나 있소. 이문을 붙이려면 그만한 조건을 갖추어야 한다는 것이오. 즉 주모가 만드는 최고의 음식 하나만큼은 그 맛이 조선 팔도의 어느 유명한 주막 음식과 비교해도 빠지지 않아야 한다는 뜻이오. 하나 더 덧붙이자면 맛과 함께 주모만의 특별한 재료를 써서 특별한 모양을 낸다면 금상첨화가 될 것이오.

대박 주모 : 그건 또 무슨 말씀이시우?

심오한 : 내 주모가 만든 파전 맛을 보니, 정성을 쏟으면 그만큼 맛도 더 좋아질 것 같아서 하는 말이오. 여기에 다른 주막의 파전과 모양새가 다른, 예를 들어 크기나 두께 등이 다른 파전을 만들어 팔면 손님들의 관심을 끌 수 있을 것이오. 예컨대 주모만이 낼 수 있는 맛과 모양을 갖춘 파전을 만들라는 뜻이오. 그런 다음 사람을 사서라도 주모의 파전이 특별하다는 것을 저잣거리가 들썩일 정도로 요란하게 소문을 내고 다니도록 해야 하오.

대박 주모 : 꼭 그래야겠수? 내 파전 하나만큼은 갖은 해산물을 넣어서 누가 봐도 군침이 돌 정도로 만들 자신이 있수. 모양도 맛도 조선 최고인 파전을 만들 자신이 있단 말이오.

심오한 : 어허, 내 말 똑바로 들으시오. 사람들에게 알리는 일 또

한 음식을 만드는 일 못지않게 중요하오. 생각해 보시오. 아무리 맛이 좋고 모양이 독특하다 해도 사람들이 알지 못하면 팔리겠소?

대박 주모 : 듣고 보니 그런 것도 같고….

심오한 : 그리고 뜨내기로 보이는 손님이 찾아와도 정성껏 대접하시오. 다른 주막에서는 느낄 수 없는 푸근한 정을 베푸시오. 그 손님이 언젠가는 또 다른 손님을 데려올 것이고, 주모 주막의 단골이 될 것이오. 나를 믿고, 내가 알려준 것들을 그대로 따라 하기만 한다면 손님이 많아도 이문이 남지 않아 전전긍긍하는 지금의 상황에서 금방 벗어날 수 있을 것이외다.

주모는 심오한 회주가 알려준 대로 했더니 실제로 주막을 찾아오는 손님들이 더 늘어났고, 이문도 많이 남아 금세 형편이 피었다고 했다. 돈은 날이 갈수록 눈덩이처럼 불어났고, 그 돈으로 자릿세를 못내 허덕이는 근처 주막들을 하나 둘 사들였다고 했다.

"오늘은 여기서 묵고 아침 일찍 한양으로 올라가 회주님을 만나 보게. 사내가 한번 칼을 뽑았으면 썩은 무라도 잘라야 하지 않겠나? 집에는 내 아무 소리도 하지 않겠네."

그러면서 주모는 방을 내주고, 성공하면 갚으라며 노잣돈도 넉넉히 건넸다.

"고맙수. 이 돈, 반드시 갚으리다."

나는 주모가 주는 돈을 받아 들고 천천히 주위를 둘러보았다. 믿기지 않는 일이었지만 주막은 확실히 변해 있었다. 주모의 모습도 예전보다 훨씬 윤기 있고, 여유로워 보였다.

'이게 다 심오한 회주 덕분이라는 건가?'

나는 한양에 있는 심오한 회주가 자석처럼 강하게 나를 끌어당기는 것을 느꼈다.

그 후 나는 한양으로 올라왔고, 수소문 끝에 조선영업인회가 있는 곳을 알아냈다. 하지만 회주를 만나는 것이 결코 쉬운 일은 아니었다. 회주는 집에 붙어 있는 날이 별로 없었다. 나는 매일 아침마다 조선영업인회를 찾아갔고, 일주일 만에 간신히 회주를 만날 수 있었다. 회주는 주모 얘기처럼 키가 크고 점잖게 생긴 양반이었다.

나는 기회를 놓칠 새라 무릎까지 꿇고 매달렸다.

"동래 주모에게서 회주님 말씀 많이 들었습니다. 부디 저를 거두어주십시오. 실망시켜 드리지 않겠습니다."

회주 뒤를 따라다니는 문하생들이 나를 떼어놓으려 했지만 회주는 어디 사정이나 들어보자며 나를 데리고 집 안으로 들어갔다. 사랑채에서 회주와 독대한 나는 그동안 있었던 일들을 하나도 빠짐없이 회주에게 털어놓고 말했다.

"저는 조선 제일의 마팔이가 되고 싶습니다. 아니, 꼭 되고 말 겁니다."

내 얘기를 다 들은 회주는 문간방 하나를 내줄 테니 당분간 집안사람들을 도와 허드렛일을 하며 지내라고 했다. 내가 하는 태도를 봐서 마음에 들면 문하생으로 받아들이겠다는 뜻인 듯했다.

여기까지 쓰다 보니 어느새 날이 밝았다. 이제 그만 붓을 놓고 일하러 나가야겠다. 뜬눈으로 밤을 새웠어도 피곤하지 않은 건 무슨 까닭일까.

심길후식 영업 개척비법 강의 2

뭉툭한 송곳이 구멍을 크게 뚫는다?

고난의 고조할아버지인 고수는 측근 성님에게 타객, 즉 타깃에 대한
이야기를 듣습니다. '고객이 될 만한 사람을 명확히 가려내고, 그 사
람을 만나기 위해서 집중하라.'는 내용이지요. 고수는 아직까지 이
해하지 못하고 있지만 타깃을 정하는 일은 매우 중요합니다.

예를 들어 집에 바퀴벌레가 들끓어 바퀴벌레를 박멸할 수 있는 강
력한 약을 사기 위해 마트에 갔다고 합시다. 그런데 마트에 가서 보
니 두 가지 약이 있습니다. 하나는 바퀴벌레 전용 살충제이고, 다른
하나는 바퀴벌레를 비롯해 파리, 모기 등 온갖 해충을 다 잡는 살충

제입니다.

둘 다 이름 있는 회사에서 나왔고, 성분이나 가격도 비슷합니다. 그러나 바퀴벌레 전용 살충제에는 사용법은 물론 제품 후기, 효능 등이 자세히 적혀 있습니다. 이때 여러분은 둘 중 어느 것을 선택하겠습니까?

이번에는 알칼리이온수기를 예로 들어보겠습니다. 영업사원이 찾아와서 "이 정수기는 당뇨는 물론 고혈압, 관절, 아토피, 주부 습진에 모두 좋은 정수기입니다."라고 말하면 여러분은 믿으시겠습니까? '세상에 그런 게 어디 있어?' 하고 의심을 하겠지요.

반면에 당뇨든 아토피든 하나만 정해서 "이 정수기는 당뇨(또는 아토피)에 좋은 정수입니다."라고 말하면 '세상에 그런 게 어디 있느냐!'는 의심은 하지 않을 것입니다. 그리고 마침 내가 당뇨 때문에 고생하고 있다면 (또는 자식들이 아토피 때문에 힘들어 하고 있다면) 구매할 확률이 높겠지요.

여기 두꺼운 도화지와 두 개의 송곳이 있다고 합시다. 두 개의 송곳 중에서 하나는 끝이 날카롭고, 다른 하나는 끝이 뭉툭합니다. 둘 중 어느 송곳으로 찔러야 도화지에 구멍이 잘 뚫릴까요?

도화지는 고객이 될 수 있는 사람(즉 잠재고객)을 뜻하고 송곳을 찌르는 행위는 나의 영업행위를 뜻합니다. 그리고 송곳을 찌르는 힘은 나의 영업력, 조직력, 유통망, 상품력, 광고력, 브랜드 파워 등을 의미합니다.

내가 송곳으로 찌르려는 부분이 넓으면 당연히 끝이 뭉툭한 송곳을 선택하겠지요. 하지만 끝이 뭉툭한 송곳으로는 도화지를 뚫기 어렵습니다. 다시 말해 잠재고객으로 정한 사람들이 많으면 집중력이 떨어지고 힘이 분산되어 그들을 내 고객으로 만들기가 힘듭니다.

반면에 송곳으로 찌르려는 부분이 좁으면 끝이 날카로운 송곳을 선택할 것이고, 보다 쉽게 도화지를 뚫을 수 있을 겁니다. 다시 말해 같은 힘을 들이더라도 핵심 역량을 집중할 수 있기 때문에 보다 쉽게 잠재고객을 내 고객으로 만들 수 있다는 것입니다.

그렇다고 무조건 잠재고객을 적게 잡으라는 얘기는 아닙니다. 날카로운 바늘로 단단한 바위를 뚫을 수는 없으니까요. 오히려 바위를 뚫으려다 바늘이 부러질 수 있습니다.

제가 말씀드리고 싶은 것은 잠재고객층을 적당히 좁혀서 정하고, 내가 갖고 있는 핵심 역량을 최대한 쏟아 부어야 한다는 것입니다. 이것이 바로 타깃팅입니다.

그럼 어떻게 타깃팅을 하는 것이 가장 효율적일까요?

타깃팅을 효율적으로 하기 위해서는 먼저 나와 내 상품의 특장점이 무엇이고, 어디에 있는가를 잘 알고 있어야 합니다.

이 타깃팅의 예를 팩스로 들어볼까요? 미국 유명회사에서 팩스를 처음 출시했을 때의 실화라고 합니다. 팩스는 당시 비슷한 기능을 갖고 있는 텔렉스와 경쟁을 하게 되는데 가격이 텔렉스보다 몇 배 더 비쌌기 때문에 잘 팔리지 않았던 것 같습니다. 팩스회사는 적자를 계속 내고 있는 상품을 계속 판매해야 할지 사업을 철수해야 할지 고민을 하게 되었지요.

그러던 어느 날 반전이 일어났습니다. 팩스회사 세일즈팀이 팩스만이 제공할 수 있는 특장점을 내세워 해당 타깃팅 고객들에만 집중하는 전략을 세운 것이었지요. 그것은 바로 텔렉스가 할 수 없었던 이미지 전송이었습니다.

그 무렵 미국의 한 정유회사가 지진계를 이용해 북해를 탐사하고 있었습니다. 정유회사는 하루에 두 번씩 지진계 데이터를 헬리콥터에 실어 지질학자가 있는 해안 기지로 보내는 일을 날마다 반복하고 있었지요. 지진계 데이터는 복잡한 차트 형태로 되어 있어 텔레스로는 보낼 수 없었기 때문입니다. 당연히 비용이 팩스를 사는 것보다 어마어마하게 많이 들고 신속성도 떨어졌겠지요?

팩스회사는 정유회사처럼 텔렉스로는 전달할 수 없는 이미지들을 보내야 하는 업체를 중심으로 영업을 시작했고, 팩스를 구입하는 회사들이 점차 늘어나면서 특장점도 세상에 널리 알려지게 되었다고 하더군요. 그래서 오늘날에는 사무실의 필수품으로 자리 잡게 되었지요.

이처럼 나와 내 제품에 특장점이 있고, 그것을 잘 알고 있다는 것은 큰 무기입니다. 이를 바탕으로 경쟁 영업인들과 차별화된 영업을 할 수 있으니까요. 내가 경쟁력을 발휘할 수 있는 분야가 어디인지, 대상은 누구인지 등을 잘 파악해서 집중하기 바랍니다.

영업을 낚시에 비유한다면 타깃팅은 내가 잡으려고 하는 어종에 비유할 수 있습니다. 먼저 어떤 물고기를 잡을지부터 정해야 낚시터를 정할 수 있고, 그에 맞는 낚시 도구와 밑밥, 미끼 등을 준비할 수 있습니다. 참치를 잡으려면 배를 타고 멀리 나가야 할 것이고, 고래를 잡으려면 동해바다로 가야 하지 않겠습니까?

고객을 정하는 방법 중에 가장 좋은 것은 스스로에게 물어보는 것입니다.

'대한민국 국민 중에 딱 한 명에게만 내가 가진 물건을 팔 수 있다면 어떤 사람에게 팔고 싶은가?' 하고 말이죠.

그런 다음 내가 타깃으로 정한 고객이 왜 물건을 사야 하는지, 그 이유를 분석해야 합니다. 그 이유는 크게 세 가지로 나누어 살펴볼 수 있습니다.

첫째, 타깃 고객이 왜 내가 파는 제품군을 구매해야 하는가.

-
-
-

둘째, 타깃 고객이 왜 우리 회사 제품(메이커, 브랜드)을 구매해야 하는가.

-
-
-

셋째, 우리 회사 제품을 취급하는 사람은 나 말고도 많은 왜 타깃 고객이 나에게 사야 하는가.

-
-
-

　이 중에서 가장 중요한 것이 바로 세 번째 질문입니다.

　여러분이 타깃으로 정한 고객에게는 여러분과 같은 물건을 파는 친구가 있을지 모릅니다. 형이나 동생, 친척 중의 어떤 사람이 여러분과 같은 물건을 팔고 있을지도 모릅니다. 그런데 왜 꼭 여러분에게 사야 할까요?

그 이유를 분명하게 만든다면, 다시 말해 타깃 고객이 꼭 여러분에게 사야 할 필요성과 당위성을 만든다면 제품 판매는 당연히 이루어질 것입니다. 이러한 필요성과 당위성을 만들 수 있는 방법을 자연스럽게 익히도록 하는 것이 본 강의의 목적입니다.

심길후식 영업 개척비법 강의 3

처음에는 공을 살살 던져라

어떤 물고기를 잡느냐를 정하고, 낚시터를 찾아서 정하고, 각종 도구들을 준비하는 것이 낚시를 시작하기 전에 해야 할 일입니다. 영업도 마찬가지입니다. 영업을 시작하기 전에 타깃 고객을 정하고, 고객을 만날 수 있는 포인트를 찾은 다음 그에 맞는 로볼Low Ball을 만들어야 합니다.

낚시터에서 낚시를 할 때 무조건 낚싯대를 던지는 사람은 없습니다. 먼저 밑밥을 뿌려서 물고기가 모이게 한 후 보다 맛있는 미끼를 바늘에 끼워서 던지지요. 로볼이란 바로 그런 것입니다. 밑밥과 미끼와 같은 것이지요.

밑밥이 있어야 물고기가 모일 것이고, 미끼가 있어야 물고기가 낚시 바늘을 물겠지요? 이처럼 고객들이 내 홈페이지에 들어온다거나 나에게 문자를 보낸다거나 이메일을 보낸다거나 연락을 하는 등의 행동을 하도록 유도하는 것을 로볼이라고 합니다.

지나가는 사람에게 온 힘을 다해 야구공을 던지면 공을 받아줄 수 있는 사람은 아마 없을 겁니다. 아무리 열심히 고객을 찾아다니고, 상품 권유를 계속해도 좀처럼 실적이 나오지 않는 이유는 영업 현장에서 이와 같은 비효율적인 일들을 하기 때문입니다.

먼저 내 공을 잡아 줄 사람을 정확하게 고르고, 그 사람에게 가서 양해를 구한 후 공을 낮게 살짝 던져주는 행위를 몇 차례 반복하고 나서 차츰 공의 속도를 높여서 던지면 어떨까요? 상대방이 공을 받는 행위에 익숙해져서 빠른 공도 잘 받아내지 않을까요?

사실 로볼은 상담을 원활하게 진행하기 위해 사용되는 화술법입니다. 처음부터 구매를 하라고 강하게 권유하기 전에(High Ball) 상대가 받아들이기 편한 부담 없는 내용으로 천천히 시작하라는(Low Ball) 것이 그 내용이지요. 그것을 제 나름대로 마케팅에 접목시켜 발전시

킨 것이 지금의 로볼 마케팅 전략입니다.

그럼 영업 현장에서 하이볼High Ball에 해당하는 것은 무엇일까요? 약속을 하고 만났던 무턱대고 찾아가서 만났던 보자마자 구매를 권유하는 것이 바로 하이볼입니다. 그러나 고객의 상태를 고려하지 않고 무작정 들이대서는 물건을 판매하기가 어렵습니다.

고객에게 물건을 팔기 위해서는 '구매 결정' 이라는 벽을 넘어야 합니다. 벽을 넘어가려면 어떻게 해야 합니까? 사다리를 놓고 한 계단, 한 계단 올라가야겠지요? 고객과 첫 대면은 사다리가 없는 단계라고 할 수 있는데 한 번에 뛰어넘으려고 하니 벽에 부딪쳐 넘어지는 것이지요.

처음 만난 사람에게 내 아이템을 무작정 권하기만 할 것이 아니라 여러 '프로세스' 를 만들어서 사다리를 밟아 올라간다면 쉽게 벽을 넘을 수 있겠지요? 이때 사다리를 타고 올라갈 수 있도록 돕는 것이 바로 로볼 마케팅 전략입니다.

요약하자면 이렇습니다.

1. 모든 영업에는 프로세스가 있다.

2. 각 프로세스(특히 고객 발굴)를 부드럽게 넘기기 위한 로볼이
    필요하다.

　프로세스에서 한 계단, 한 계단 올라가게 만드는 촉매제 역할과 프
로세스라는 엔진이 보다 잘 돌아가게 하는 윤활유 역할을 동시에 하
는 로볼은 정보, 경품, 할인, 서비스, 샘플, 체험의 여섯 가지로 나눌
수 있습니다. 이 중 일부는 막DB(누구인지도 모르는 사람)에 가까운 고객
을 걸러내는 역할을 하고, 일부는 약간의 반응이 있었던 고객을 좀
더 적극적으로 반응하게 만드는 역할을 하며, 일부는 구체적으로 상
당 날짜를 잡는 등 명확하게 행동을 결정하게 만드는 역할을 합니다.

　이해를 돕기 위해 예를 하나 들어보겠습니다.
　제 수강생 중에 중고차를 판매하시는 분이 있었습니다. 제 강의를
들으신 그분은 타깃을 소형차를 구매하려고 하는 여성 운전자로, 포
인트를 운전면허시험장으로 정하고 전단지와 현수막 등을 통해 고
객의 DB를 얻으려고 했습니다.
　그분이 전단지와 현수막에 적어놓은 내용은 자신의 휴대폰에 문
자로 원하는 차종과 이름을 보내주면「중고차 딜러가 판매할 때 바

가지 씌우는 노하우 7가지 모음집」을 준다는 것이었습니다. 1차 로볼을 정보집으로 정해서 차를 살 의사가 있을 수도 있는 고객의 DB를 추려내기 위한 작업을 한 것이죠.

차츰 고객들로부터 문자가 오기 시작했습니다. 그분은 문자를 보낸 고객의 DB를 잘 정리해 놓고, 그들에게 문자나 이메일 등을 통해 「여성 운전자가 소형 중고차 사기 전에 꼭 알아두어야 할 중고차 백과사전」을 보내드리겠다는 내용을 전했습니다.

그 후 그분은 고객들에게 자신이 운영하고 있는 카페가 있다는 것을 알려 가입하도록 안내하고, 여러 이벤트와 모임을 열어 자연스러운 만남을 가졌습니다. 중고차에 대한 콘텐츠를 제공하고 본인에 대한 전문성과 권위를 인정받을 수 있는 시스템을 자연스럽게 구축한 것이지요.

고객들의 반응은 어땠을까요?

당연한 얘기지만 중고차가 필요했던 사람들은 스스럼없이 그분에게 상담 요청을 해왔습니다. 1차와 2차 로볼로 사용한 정보집과 카페에서 주최했던 모임, 이벤트 등이 고객들에게 '이 사람은 믿을 수 있다.'는 인식을 심어준 덕분이지요.

다음은 처음 DB를 추출하고자 할 때 주로 쓰이는 정보 로볼의 예입니다.

1. 중고차 처리하고 신차 살 때, 자칫 잘못하면 입는 손해 예방 노하우

2. 중고차 판매할 때 딜러들이 바가지 씌우는 노하우 10선 모음집

3. 보상비법모음집 : 불나면 2억 준다더니 2000만 원도 안 주는 상황! 어떻게 해결하면 될까?

4. 놓치면 50만 원 손해 보는 '미리 알고 가면 좋은 성형외과'

5. 새로 나온 직장인 부자 만들기 재테크 비법

6. 8월 분양 예정인 수익형 부동산 정보 및 가치 분석

7. 아토피로 고생하는 자녀를 위한 워터 테라피 노하우

8. 서울대생이 전하는 공부비법 : 나는 초등학생 때 이렇게 공부했다

9. 1억이 2억 되는 시간 2년 8개월, 알고 보면 저위험 고수익 대안투자 A to Z

로볼은 내가 어떤 업종에서 일하는지, 어떤 아이템을 취급하고 있

는지, 나의 전문성은 어디에 있는지 등등에 따라 그 내용이나 형식이 달라질 수 있습니다. 영업인 본인과 아이템, 타깃 고객을 잘 분석해 보십시오. 실전에 활용할 수 있는 정보성 로볼이 나올 것입니다.

자, 이제 나에게 맞는 정보 로볼을 만들어볼까요?

첫째, **타깃 고객이 필요로 하는 정보는 무엇이 있는가?**

-
-
-

둘째, **타깃 고객에게 잠재되어 있는 문제점은 무엇인가?**

-
-
-

셋째, **타깃 고객이 조그마한 변화로 인해 눈에 띄는 이득을 볼 수 있는 것은**

무엇인가?

-

-

-

앞에서 제가 로볼은 정보, 경품, 할인, 서비스, 샘플, 체험의 여섯 가지로 나눌 수 있다고 말씀드렸지요? 그런데 샘플을 줄 수 없는 업종, 체험을 할 수 없는 업종도 있고, 할인이 금지되어 있는 업종도 있습니다. 이런 경우 영업하기 불리한 업종을 택했다고 짜증내지 마시고, 본인의 상황에 맞는 로볼을 기획하고 만들어서 활용하시기 바랍니다.

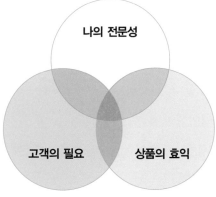

이렇게 그림을 그리고 각각의 교집합에 있는 부분을 적어보십시오. 그 부분을 활용하시면 됩니다. 세 가지 요소가 겹치는 부분을 찾기 어렵다고요? 그래도 실망하지 마십시오. 대신 고객과의 접점을 찾으면 되니까요.

저는 예전에 여성 FC를 대상으로 면 생리대를 판매한 적이 있습니다. 한 세트에 수십 만 원이 넘는 비싼 생리대였지요. 그때 저는 제품과는 전혀 상관없는 서비스 로볼로 영업을 했습니다. 젊은 나이에 영업에 뛰어들어 좌충우돌했던 이야기를 강연회로 기획한 것이 제 로볼이었는데 강연회를 핑계로 지점장을 만났고, 강연 후 생리대를 판매했었죠.

물론 가장 좋은 것은 세 가지 모두 해당되는 로볼을 만드는 것입니다. 하지만 그렇지 않더라도 고객에게 필요한 로볼이라면 충분히 좋은 결과를 얻을 수 있습니다.

영업인 본인의 전문성을 높이기 위해서는 먼저 정보 로볼과 서비스 로볼을 만들어야 합니다. 정보 로볼에 대한 예는 앞에서 들었으니 이번에는 한국영업인협회 회원들이 활용하고 있는 서비스 로볼의 예를 몇 가지 들어보겠습니다.

1. 성형수술을 하고 싶어 하는 분을 대상으로 성형수술을 받았을 때 어떻게 얼굴이 변하는지 포토샵으로 그려서 보여주며 상담하고 딱 맞는 병원을 소개해 주는 'Beauty AEO' 서비스

2. 회원을 관리하기가 힘든 헬스장을 대상으로 전화로 20분 정도 매출을 올릴 수 있는 고객관리에 대한 컨설팅을 해주는 'OOO의 고객관리 전화 컨설팅' 서비스

3. 담배 냄새가 배어 있는 업소를 찾아가서 살균과 탈취를 무료로 해주는 'Clean Air Care' 서비스

4. 곧 차를 살 사람에게 타고 다니는 차를 비싼 가격에 파는 방법을 교육, 지도하고 원하시 분들에게는 판매 대행까지 해드리는 'Premium CEO' 서비스

5. 3년간 월 1회 잠재고객의 차량이 있는 곳으로 가서 차를 점검해 주는 '출장 카닥터' 서비스

6. 팀빌딩게임, 보드게임 등을 통해 고객의 재무제표, 대차대조표 등을 작성하고, 기존의 방식과 다른 방법으로 재무진단을 하고 고객에게 딱 맞는 재무설계를 해주는 'OOO의 인생 게임' 서비스

나를 귀하게 여겨야

귀한

삶을 살 수 있다

타인을 고객으로 만들고, 사람들이 많이 모이는 곳에 알림 종이를 붙이는 것은 중요한 일입니다. 하지만 그전에 어떤 말을 팔아야 할지부터 정해야 합니다. 어떤 종류의 말을 파느냐에 따라서 내가 집중해야 할 대상, 즉 고객이 달라지거든요. 내 생각에는 조랑말보다는 적토마 같은 명마를 파는 것이 이문도 많이 남고, 마팔이로서의 명성을 쌓기에도 유리할 것 같네요.

1879년(고종 16년) 5월 21일

날짜를 적고 나서야 내가 다시 붓을 든 것이 열흘 만임을 알았다. 그동안 눈 코 뜰 새 없이 바빠 붓을 들 틈이 없었다. 핑계가 아니다. 아침과 저녁 두 차례 물지게를 지고 나가 물을 길어오는 일, 지게를 지고 산에 올라가 땔감을 해오는 일, 장작을 패는 일, 마당을 청소하는 일 모두 내 몫이었다. 게다가 낮에는 말을 팔기 위해 여기저기 들쑤시고 다녀야 했다. 매일매일 적는 것이 일기인데 아무래도 날마다 쓰기는 힘들 듯하다.

내가 조선영업인회에 들어온 다음, 다음 날 저잣거리를 돌아다니다 뜻밖의 소식을 들었다. 수원으로 내려갔던 측근 성님이 한양에 올

라와 예전의 장소에 새로 마장을 열었다는 것이다. 나에겐 참으로 반
갑고, 잘된 일이었다. 그렇지 않아도 판매할 말이 없어서 수원으로
내려가 측근 성님을 만나 보려는 생각을 하고 했었는데 마침 올라온
것이었다.

"성님, 오랜만이우."

나는 냅다 마장으로 달려가 말을 살피는 측근 성님에게 큰 소리로
인사를 했다.

"살도 좀 오른 듯하고 좋아 보이십니다."

"이게 누군가? 고수 아닌가."

측근 성님은 내 두 팔을 꼭 잡으며 반갑게 맞아주었다.

"맞습니다, 고수. 그동안 별일 없으셨죠?"

"별일이야 자네에게 있었지 않았나. 고생 많이 했나 보군. 살이 쏙
빠졌어. 얼굴도 야위었고."

"저야 고생을 했든 어쨌든 이렇게 풀려났으니 다행이지만 장주님
이 걱정이우."

"그러게나 말일세. 헌데 마팔이들 사이에서 내가 장주님을 밀고했
다는 소문이 돌았다며?"

"묘하게도 성님이 떠난 직후에 잡혀 가셨으니까요."

"자넨 날 의심하지 않았나?"

"어딜요. 제가 무엇 때문에 성님을 의심하겠수."

"그렇다면 다행이고. 그래, 날 찾아온 이유가 뭔가?"

"마팔이 일을 하고 싶어서요."

"다시 말을 팔아보겠다?"

"네. 잘할 자신 있으니 저를 믿어주슈, 성님."

"나야 거절할 이유가 없지. 마팔이들이 많으면 많을수록 나에게 떨어지는 이문도 많아지는 법이니까. 지금부터라도 시작하게."

"고맙수, 성님. 그럼 천막에 들어가 알림 종이 좀 만들어서 나가겠수."

"또 예전처럼 저잣거리에 서서 무작정 지나가는 사람들에게 나누어주려고?"

"무작정은 아니고, 좀 있어 보이는 양반들에게 나누어줄 거요."

"관두게 이 사람아. 그렇게 해서는 말을 팔기 힘들어."

"타인을 고객으로 만들려면 일단 부딪쳐 봐야 하지 않겠수?"

"오랜만에 만난 기념으로 하나만 더 알려줌세. 알림 종이를 사람들에게 나누어주는 것보다는 사람들이 많이 드나드는 기방이나 약방, 절초전切草廛(칼로 가늘게 썬 담배를 파는 곳으로 요즘의 다방처럼 사람들이 모여 책도 읽고, 잡담도 나누고 했다)에 여러 장 붙여두는 것이 더 효과 적일세."

"기방이나 약방, 절초전 주인들이 내가 알림 종이를 붙이게 놔둘까요?"

"그거야 자네가 알아서 할 일이지. 이제 그만 가보게."

측근 성님은 손짓으로 나를 물리고 다시 말들을 살폈다. 나는 천막 안으로 들어가 알림 종이를 만들어 마장을 나왔다.

내가 처음 찾아간 곳은 기방이었는데 문 앞에 산적처럼 생겨먹은 사내가 버티고 서 있었다. 사내의 덩치는 곰만큼이나 컸고, 두 손은 솥뚜껑 같았다. 말 잘못 붙였다가 불끈 쥔 주먹에 한 대 얻어맞으면 그야말로 골로 갈 것 같았다.

나는 기방은 나중에 들르기로 하고 약방으로 향했다. 그러나 약방 문지기의 생김새도 기방 문지기 못지않게 고약했다. 누가 더 낫다, 못하다 우열을 가릴 수 없을 정도였다.

'한양에는 왜 이렇게 험악하게 생겨 처먹은 놈들이 많은 거야!'

나는 미련 없이 발길을 돌려 절초전으로 갔다. 다행히 절초전에서 담배를 썰고 있는 사내의 인상은 그리 나쁘지 않았다. 말만 잘하면 내 부탁을 들어줄 것도 같았다. 여기저기서 빡빡 피워대는 담배 연기가 코를 괴롭혔지만 그 정도쯤은 참을 만했다.

나는 사내 옆에 앉아 슬쩍 알림 종이를 건네고 말을 붙였다.

"처음 뵙는 처지에 부탁을 드려 염치가 없습니다. 이 종이를 저기 벽에 붙여놓아도 되겠습니까?"

나는 최대한 공손하게 말했다. 사내는 고개를 들어 나를 쳐다보는가 싶더니 곧바로 고개를 숙이고는 빠른 속도로 담배를 썰었다. 나는 용기를 내서 재차 말을 걸었다.

"어르신, 실례가 많은 줄 압니다만 이 종이를 좀 봐주십시오."

그러나 내가 말을 할수록 담배를 써는 속도도 빨라졌다. 더럭 겁이 났다. 빠르게 담배를 써는 사내의 손에서 살기마저 느껴졌다. 저러다 칼날이 종이를 내밀고 있는 내 손목을 자를 것만 같았다.

"하던 일 계속하십시오. 다음에 다시 오겠습니다."

나는 벌떡 일어서서 도망치듯 절초전을 빠져나왔다. 뒷골목을 휘젓고 다니는 검계劍契(요즘 말로 조직폭력배)들보다 문지기들과 담배 써는 사내가 더 무서웠다. 타인을 고객으로 만들라느니, 사람이 많이 모이는 곳에 알림 종이를 붙이라느니 말만 할 뿐 어떻게 해야 되는지 구체적인 방법은 가르쳐주지 않는 측근 성님이 얄미웠다.

'젠장맞을. 알아서 할 일이라고? 아는 게 있어야 알아서 하지. 내가 친동생 같다면서 진짜 동생이라 여기고 좀 알려주면 안 돼?'

나는 측근 성님을 찾아가 따지려다 해가 뉘엿뉘엿 기울어 발길을 숙소로 돌렸다. 회주님과 선배 문하생들이 돌아오기 전에 씻고 마시고 밥 지을 물을 길어오고, 땔감으로 쓸 장작도 패놓아야 했다.

지금도 그때를 떠올리면 온몸의 털들이 곤두서고, 가슴이 쿵광쿵쾅 요란하게 뛴다. 숙소로 돌아와 물지게를 짊어지고 우물가로 가는 길이었다. 그 길에 만난 여인의 얼굴은 서서히 내려오는 어둠을 단번에 물리칠 정도로 눈부셨고, 기절할 만큼 아름다웠다. 그 여인은 회주님과 함께 이런저런 말을 주고받으며 걸어오고 있었다. 나는 회주님에게 인사하는 것도 잊고 멍하니 여인만 쳐다보았다. 하늘하늘 걸어오던 여인이 마침내 내 앞에 멈춰 섰다.

"무슨 일이죠? 제게 볼일이라도 있나요?"

목소리도 어쩜 그렇게 맑고 고운지. 마치 천상에 사는 새가 지저귀는 것 같았다.

"이보게, 고수. 왜 이러고 서 있나? 자네 정말 내 딸에게 볼일이라도 있는 건가?"

내가 입을 열지 않자 회주님이 들고 있던 부채로 내 어깨를 치며 물었다.

"…아, 아닙니다. 회주님. 피곤해서 깜박 졸았나 봅니다."

"깜빡 졸았다?"

회주님은 부채로 힘껏 내 머리통을 후려쳤다. 눈앞에서 파바박 불꽃이 일었다.

"이젠 정신이 좀 드나?

"네. 듭니다. 번쩍 듭니다."

"그럼 어서 비켜서게. 자네가 물지게를 들고 장승처럼 서 있으니 길을 갈 수 없지 않은가."

"네? 아, 네. 죄송합니다. 죄송합니다."

나는 냉큼 옆으로 비켜서서 여러 번 고개 숙여 사과를 했다.

그 후의 시간이 어디로, 어떻게 흘렀는지는 알 길이 없다. 눈을 떠 보니 아침이었고, 내 방이었다. 나는 서둘러 방을 나왔다. 회주님과 선배 문하생들이 기침을 하기 전에 물을 길어오고 마당을 청소해야 했다.

나는 물지게를 찾아 둘러매고 집을 나섰다. 어제 물을 길러 가는 길에 여인을 만난 것은 꿈속에서 벌어진 일이라는 생각이 들었다. 그러나 아니었다. 물독을 다 채운 후에 마당을 쓸고 있는데 그 여인이 내 눈앞에 나타난 것이다!

"일찍 일어나셨네요. 딸꾹."

너무 놀라서인지 딸꾹질이 나왔다. 창피했다.

"보기보다 부지런하시네요. 어젠 인사도 제대로 못 나누었죠? 전 회주님 딸 사랑이라고 해요."

"이름이 딸꾹. 참 아름다우십니다. 딸꾹. 전 최고수라고 합니다. 딸꾹."

"제가 평양에 가 있는 동안 들어오셨더군요."

사랑 아씨가 부드럽게 웃으며 말했다. 가슴이 쿵쾅거리면서 딸꾹 질이 더 심해졌다.

"그럴 겁니다. 딸꾹. 그런데 회주님은 딸꾹. 저를 아직 문하생으로 받아들이지 않으셨습니다. 딸꾹."

"그런가요? 회주님에게 인정받으려면 열심히 하셔야겠네요. 짐 작하고 계시겠지만 참 까다로운 분이시거든요."

"앞으로 딸꾹. 더 열심히 하겠습니다. 딸꾹."

"제 도움이 필요하면 언제든 말씀하세요."

사랑 아씨는 가늘고 긴 손가락을 뻗어 침을 놓듯 내 목을 가볍게

찔렀다. 따끔했고, 잠깐 동안 숨을 쉴 수 없었다. 하지만 놀랍게도 더 이상 딸꾹질이 나오지 않았다.

"와, 정말 신기하네요. 방금 어떻게 하신 거죠?"

"숨을 잠깐 멈추게 했어요. 이제 괜찮나요?"

"네. 감사합니다."

"바쁘실 텐데 일 보세요."

사랑 아씨는 밝게 웃으며 회주님이 거처하는 곳으로 갔다. 회주님 께 문안 인사를 올리려는 것 같았다. 뒤태도 참으로 곱고 아름다웠다.

측근 성님은 내가 조선영업인회에 들어간 사실을 알고 있는 모양 이었다. 구체적인 방법 좀 알려달라고 매달리자 차갑게 말했다.

"왜 나한테 사정하는가. 회주에게 물어보지 않고."

"그게 말입니다, 성님. 전 지금 문하생도 뭐도 아니거든요."

"그럼 문하생들에게 물어보면 되겠네. 나보다 뛰어난 사람도 제법 있을 것 아닌가."

"참, 답답하십니다. 성님 같으면 허드렛일이나 하는 저를 상대해 주겠수?"

"아님 말고."

측근 성님은 귀찮다는 듯 천막 안으로 들어갔다. 내가 뒤따라 들어가자 측근 성님은 침상에 누워 드르렁드르렁 코를 골았다.

"알았수. 코 골 필요 없으니 그만두슈. 내 치사해서 원."

나는 알림 종이를 챙겨 들고 마장 밖으로 나왔다. 기방을 찾아가 산적 같은 문지기에게 말을 붙여볼 생각이었다.

'솥뚜껑 주먹에 얻어맞더라도 한번 해보는 거야!'

나는 단단히 마음을 먹고 기방으로 갔다. 그때 마침 두 사람의 가마꾼이 든 가마 한 대가 기방 앞에 멈추었다. 가마 안에서 내린 사람은 바로 사랑 아씨였다.

"오랜만에 뵙겠습니다."

아씨가 말을 건네자 산적 같은 문지기가 반갑게 맞이했다.

"어서 오십시오. 모두들 눈이 빠지게 기다리고 있습니다."

문지기는 공손한 태도로 사랑 아씨를 기방 안으로 안내했다.

'아씨가 여긴 어쩐 일이지?'

나는 재빨리 근처 소나무 밑에 몸을 숨기고 사랑 아씨가 나오기만을 기다렸다. 사랑 아씨는 두 시진쯤 지난 후에야 기생들과 함께 대문을 나섰다. 기생들은 사랑 아씨와 헤어지는 것이 못내 아쉬운 듯 아씨의 손을 꼭 붙잡고 놓지 않았다.

"그동안 뵙지 못해 섭섭했답니다. 자주 좀 들르세요."

"알았으니 어서들 들어가 보게. 이제 손님 맞을 채비해야지."

아씨는 살며시 손을 빼내고 문이 열린 가마에 올랐다.

"그럼 살펴가세요."

기생들이 애교 넘치는 목소리로 합창하듯 외쳤다. 아씨가 기생들에게 들어가라는 손짓을 하고 문을 닫자 가마꾼들이 일어서서 걸음을 옮겼다. 나는 아씨를 태운 가마가 보이지 않을 때까지 기다렸다가 문지기에 다가가 물었다.

"방금 왔다 가신 분 혹시 사랑 아씨 아닌가요?"

"맞네만 자넨 누군가?"

"저는 아씨 집 문하생입니다. 실례가 안 된다면 뭐 하나 여쭤봐도 될까요?"

"말해 보게."

"아씨가 여긴 무슨 일로 오신 거죠?"

"문하생이라면서 그것도 모르나?"

"실은 문하생이 된 지 며칠 안 됐거든요. 꼭 좀 알려주세요."

"그럼 아씨의 별호가 미화성녀美花聖女라는 것도 모르겠군."

"미화성녀요?"

"꽃처럼 아름다울 뿐만 아니라 지혜와 인덕도 두루 갖춘 여인이라는 뜻이지."

문지기는 어깨를 으쓱하며 아는 체를 했다. 나는 문지기가 들려준 말을 듣고 사랑 아씨가 기방에 들른 이유를 알았다. 아씨는 기생들에게 분과 장신구, 옷 등을 파는 일을 하고 있었다. 처음에는 청나라에서 만든 물건을 들여와 팔았는데 지금은 조선의 기술자들을 시켜 만든 물건만 판다고 했다. 그것도 아주 비싼 가격으로.

"한양의 내로라하는 기방 기생들은 모두 아씨만 찾는다네. 이번에 아씨께서 평양에 다녀온 것도 그곳 기생들이 사람을 보내 내려와 달라는 통기通寄(기별을 보내 알게 하는 것)를 수없이 넣어서라지."

한마디로 사랑 아씨는 조선 최고의 분팔이였다.

나는 한걸음에 숙소로 달려가 아씨를 찾았다. 하지만 아씨는 아직 귀가하지 않은 듯했다. 나는 서둘러 허드렛일을 마치고 아씨가 오기만을 기다렸다. 아씨는 땅거미가 내릴 때쯤 가마를 타고 돌아왔다.

"사랑 아씨. 저 고수입니다."

나는 방으로 들어가려는 아씨 앞을 다급히 막아섰다.

"알아요. 나한테 무슨 볼일이 있나요?"

"네. 저에게 도움이 필요하면 말하라고 하셨죠? 바로 오늘 아침에요."

"맞아요. 기억하고 있으니 말해 보세요."

"얘기가 길어질 것 같은데 여기서 해도 될까요? 전 아무래도 상관 없습니다만."

"그럼 나를 따라오세요."

사랑 아씨는 나를 후원에 있는 정자로 데려갔다. 나는 멀뚱히 서서 자리에 앉는 아씨를 쳐다보았다.

"계속 서 있을 건가요? 올려다보고 있으니 목이 아프네. 그러지 말고 여기 앉아요."

나는 슬그머니 아씨 앞에 앉았다. 또 가슴이 쿵쾅거렸다. 얼굴도 뜨거웠다. 어두워서 다행이지 환한 대낮이었다면 아씨는 붉게 달아오른 내 얼굴을 봤을 것이다.

"내게 하고 싶은 얘기가 뭐죠?"

아씨의 입에서 부드러운 목소리가 흘러나왔다. 불끈 용기가 솟아올랐다.

나는 그동안 있었던 일들을 주절주절 들려주고 단도직입적으로 물었다.

"제가 어떻게 하면 조선 제일의 마팔이가 될 수 있습니까?"

"얘기를 들어보니 조랑말부터 적토마까지 다양한 말들을 파는군요."

"네. 맞습니다."

"주로 조랑말을 팔러 다녔고요."

"조랑말에 관심을 보이는 사람들은 대부분 장사치들이라서 접근하기 쉬웠으니까요. 값도 가장 싸서 잘 팔릴 줄 알았죠. 그런데 값을 깎아 달라는 사람들이 너무 많았어요. 장주에게 줘야 할 금액보다 더 싸게 팔라는 사람도 있었지요."

"타인을 고객으로 만들고, 사람들이 많이 모이는 곳에 알림 종이를 붙이는 것은 중요한 일입니다. 하지만 그전에 어떤 말을 팔아야 할지부터 정해야 합니다. 어떤 종류의 말을 파느냐에 따라서 내가 집중해야 할 대상, 즉 고객이 달라지거든요. 내 생각에는 조랑말보다는 적토마 같은 명마를 파는 것이 이문도 많이 남고, 마팔이로서의 명성을 쌓기에도 유리할 것 같네요."

"그 정도는 저도 알고 있습니다. 하지만 명마를 원하는 사람은 재산이 많거나 벼슬이 높은 분들일 텐데 저같이 천한 것을 만나려고 하겠습니까? 실제로 제가 궁궐 같은 집들을 찾아갔다가 문전박대 당한 세월이 얼만데요."

"왜 자신을 천하다고 생각하는지 모르겠군요. 그런 마음으로는 아무것도 팔 수 없어요."

사랑 아씨는 얼음처럼 차갑게 말하고 일어섰다.

"죄송합니다, 아씨. 제가 잘못했습니다."

"뭘 잘못했는지 알고 아는 말인가요?"

"네? 아뇨, 그게…."

"무엇을 잘못했는지 알고, 어떤 말을 팔아야 할지 정한 후에 다시 찾아오세요."

사랑 아씨는 내게서 등을 돌린 채 차갑게 내뱉고 정자를 내려갔다.

사랑 아씨와 헤어지고 나서 방에 돌아온 나는 밤새 한숨도 자지 못했다.

'아씨는 왜 내 생각이 잘못됐다는 것일까? 장돌뱅이들에게도 무시당하는 내가 천하지 않다는 것인가?'

뜬눈으로 밤을 새운 나는 물을 길으면서도, 땔감을 하면서도, 말을 팔러 다니면서도 계속 같은 생각을 했다. 하지만 답은 보이지 않았다. 팔고 싶은 말도 찾을 수 없었다.

그렇게 하루가 지나고, 이틀이 지났다. 입맛이 없어 점심도 거른 채 마당을 쓸고 있는데 회주님이 선배 문하생에게 하는 말이 들렸다.

"자신을 천하게 여기는 자는 천한 삶을 살 수밖에 없다. 자신을 귀하게 여겨야 귀한 삶을 살 수 있는 법이다."

순간 귀가 번쩍 뜨였다. 나는 재빨리 고개를 들어 회주님을 쳐다보았다. 회주님은 선배 문하생들과 함께 대문을 나서고 있었다.

나는 빗자루를 내려놓고 마장으로 달려갔다. 측근 성님은 말에게 먹이를 주고 있었다.

"요새 통 보이지 않더니 웬일이냐?"

측근 성님이 나를 쳐다보지도 않고 물었다. 문득 측근 성님을 처음 봤을 때가 떠올랐다.

'주막에서 술을 마시면서 성님은 말 한 필을 팔아 5원을 벌었다고 했지. 내가 마팔이가 되려고 했던 것도 그 때문이었어.'

"측근 성님, 이제 알았수!"

"알긴 뭘 알았다는 거야?"

"나중에, 나중에 말씀드리리다. 수고하슈."

나는 부리나케 집으로 돌아왔다. 아씨는 마침 가마에서 내리고 있었다.

"아씨, 드디어 제 잘못을 알았습니다."

나는 사랑 아씨의 뒤를 따라 마당으로 들어서며 말했다. 아씨는 걸음을 멈추고 나를 쳐다보았다.

"이제부터는 저를 귀하게 여기겠습니다. 앞으로 팔 말도 찾았습니다."

"다행이군요. 일은 다 마쳤나요?"

"네. 제가 할 일은 모두 해놓았습니다."

"좋아요. 그럼 따라오세요."

아씨는 자신의 방으로 나를 데려갔다. 아씨 방에 들어가고 싶은 마음은 굴뚝같았지만 발 냄새가 심하게 날 것 같아 걱정이 되어 차마 신발을 벗을 수 없었다. 아씨 방의 공기를 내 지독한 발 냄새로 더럽힐 수는 없는 노릇이었다.

"제가 감히 어떻게…. 여기 문 앞에 서서 듣겠습니다."

"나 역시 이곳 문하생이에요. 여자라 여기지 말고 들어와요."

아씨의 말투는 부드럽지만 단호했다. 나는 어쩔 수 없다는 생각에 엉거주춤 신발을 벗고 들어갔다. 화려할 줄 알았던 아씨의 방은 옷장 하나만 덜렁 놓여 있을 뿐 내 방과 크게 다르지 않았다. 방 안을 맴도는 향기도 진하지 않고 은은했다.

"앉으세요."

아씨는 내게 방석을 하나 내주고 물었다.

"왜 실망했나요?"

"아닙니다. 실망이라니요. 제가 감히…."

"이제 그런 얘기 그만하세요. 자신을 귀하게 여기겠다고 하지 않
았나요?"

"하지만…."

"앞으로 팔 말을 정했다고 했죠? 그 얘기부터 해보세요."

"전에 잠깐 말씀드렸듯이 말의 종류는 제주도 조랑말부터 오추마
에 이르기까지 다양합니다. 그중에서도 저는 적토마나 오추마 같은
명마를 팔기로 했습니다."

"알고 있겠지만 재산이 많다고 해서, 벼슬이 높다고 해서 모두 명
마를 탐내는 것은 아니에요. 따라서 누가 어떤 말을 원하는지부터 알
아내야 합니다. 그럼 접근하기도 쉽고, 말을 팔 확률도 높겠죠. 문제
는 그와 같은 정보를 어디서 얻느냐는 것입니다. 어디가 좋을까요?
짚이는 데 없나요?"

"사람들이 많이 모이는 곳? 측근 성님이 얘기한 기방이나 약방,
절초전이요?"

"약방은 주로 아픈 사람들이 찾는 곳이고, 절초전은 책을 읽거나

잡담으로 시간을 보내려는 사람들이 찾는 곳이죠. 반면에 기방은 행세깨나 한다는 사람들이 여흥을 즐기거나 사업에 관계된 은밀한 대화를 나누기 위해 찾는 곳입니다."

"저한테 필요한 정보를 얻으려면 기방으로 가야겠군요."

기방은 아씨 덕분에 문지기와 안면을 튼 사이여서 접근이 쉬울 것 같았다.

"그렇다고 약방과 절초전을 무시해서는 안 됩니다. 약방은 재산이 많거나 지체 높은 집안에서 보약을 지으려고 보내는 하인이 드나들 수 있고, 절초전에도 그런 하인들이 잠깐씩 들를 수 있으니까요. 하지만 어떤 곳을 먼저 갈지는 정해야겠지요. 당분간은 말을 팔겠다는 욕심을 버리고 기방 사람들과 친해지세요. 사람들과 친해지려면 어떻게 해야 할까요? 간단해요. 상대가 좋아하는 일, 원하는 일을 찾아서 하면 됩니다. 우리 집에서 하듯이."

"아씨 말씀, 새겨듣겠습니다."

나는 자신 있게 말하고 일어섰다. 아씨를 만나면서부터 내 인생은 달라지고 있었다. 아씨는 어둡기만 했던 내 앞길을 환히 밝혀주는 등불과도 같은 존재였다.

심길후식 영업 개척비법 강의 4

천천히 읽고 연락주세요, 지금!

측근 성님이 또 고수에게 영업 노하우를 전합니다. 알림 종이를 저잣거리에 서서 지나다니는 사람들에게 무작정 나눠주지 말고, 사람들이 많이 모이는 곳에 붙여놓으라고요.

알림 종이를 요즘 말로 하면 전단지가 되겠지요. 전단지는 세일즈 활동에서 사용되는 레터의 일종입니다.

레터란 영업 현장에서 쓰이는 텍스트와 이미지로 이루어져 있는 모든 홍보물을 말합니다. 타깃을 정하고, 포인트를 찾고, 적절한 로볼을 만들었으면 이제 레터를 만들어 배포할 차례입니다.

레터는 크게 온라인 레터와 오프라인 레터로 나눌 수 있습니다.

레터의 종류

온라인 레터	오프라인 레터
카페 글	전단물, 명함
카페 상단 타이틀	현수막, FAX
카페 메인 화면	택배 박스, 쇼핑백
쪽지, 이메일	영수증, 스티커
블로그 포스팅	비닐 봉지
지식in 답변 글 등	각종 판촉물 등
이미지와 텍스트로 이루어진	이미지와 텍스트로 이루어진
모든 홍보 가능 매체	모든 홍보 가능 매체

온라인 레터는 인터넷 검색을 했을 때 상단에 노출될 수 있도록, 레터를 본 고객이 공감하고 집중할 수 있도록 제대로 된 방법으로 글을 작성해야 합니다. 그리고 오프라인 레터는 제대로 된 타깃에 발송을 하고, 내용물을 볼 수 있도록 해야 합니다. 예를 들어 우편 봉투나 택배 박스 등의 겉면에 사람들의 호기심을 자극하는 제목을 적거나 봉투 안에 무언가를 넣어서 두툼하게 만들어 보내면 열어볼 확률이

높아지겠지요?

특히 전단지처럼 직접 나누어주는 경우에는 상대방을 깜짝 놀라게 해서 기선을 제압한 후 전달하는 방법도 괜찮습니다. 레터를 건네면서 이렇게 말해 보세요.

"천천히 읽고 연락주세요 지금!!!"

그럼 기계적으로 전단지를 나눠주는 것보다는 고객으로부터 연락이 올 확률이 훨씬 높아질 겁니다.

그런데 온라인 레터이든 오프라인 레터이든 레터를 보내는 목적은 레터를 받은 잠재고객이 문자나 전화, 이메일을 통해 나에게 연락을 하도록 만드는 것에 있습니다. 타깃 고객에게 로볼에 대한 안내를 하고, 프로세스를 진행하는 데 필요한 로볼들을 알리는 수단으로 사용되는 것이 바로 레터입니다.

내가 아무리 좋은 로볼과 개입상품을 가지고 있다고 한들 그 사실을 잠재고객에게 알리지 못한다면 무슨 소용이 있습니까?

잠재고객에게 내가 어떤 사람인지, 어떤 로볼을 갖고 있는지 제대로 알릴 수 있는 레터, 즉 연락이 활발하게 오는 레터를 만들기 위해서는 콘셉트, 문제, 해결, 로볼, 근거, 요청, 반복, 한정 등 8가지 요소를 잘 활용해야 합니다.

레터 제작 시 필요한 8가지 요소

레터의 형식 요소

콘셉트, 문제, 해결, 로볼
근거, 요청, 반복, 한정

콘셉트 레터를 통해서 얻고자 하는 바가 무엇인지를 정하는 것.
어떤 로볼을 어떤 고객에게 줄 것인지, 내가 어떤 사람이라는 것을
어떻게 알릴 고객이 어떠한 행동을 하도록 유도할 것인지 정한다.

문제 현재 혹은 미래에 벌어질 문제 상황들을 묘사하는 문구.
가장 눈에 잘 들어오는 상단의 캐치카피나 본문에 적어 넣는다.

예) 오라는 곳은 없지만 갈 곳은 많다?
아직도 열정만으로 영업하며 묵묵히 열심히 하시나요?

해결 문제점이 해결된 행복한 현재 상황을 떠올리게 하는 문구.
문제와 마찬가지로 상단의 캐치카피나 본문에 적어 넣는다.

예) 내 여친의 생리통이 사라졌어요!!! 생리통으로 20년 가까이 고생을
하던 여자 친구의 실제 생리통 탈출 비법입니다!

로볼   레터에서 로볼은 고객의 눈길을 끌 만한 제목과 목차 정도만 넣는다. 내가 갖고 있는 정보를 모두 풀어놓으면 수십 장에 달할 텐데 그 많은 내용을 전단물에 넣을 수는 없기 때문이다. 그래서 내용이 정말 매력적이라는 인식을 심어주기 위해 눈에 띄는 제목과 목차를 넣는 것이다.

근거   고객들이 레터를 보낸 영업인을 믿을 수 있게 돕는 부분이며, 나아가 레터 본문의 문구들에 대해 신뢰를 갖도록 하는 부분.
고객들의 제품 사용 후기나 영업인 본인과 고객이 찍은 사진 등을 넣는다.

요청   고객들이 본 레터를 받아본 후 어떤 행동을 해야 하는지를 구체적으로 요청해 놓은 부분.
영업인 본인에게 연락할 수 있는 방법, 예를 들어 휴대전화 번호나 이메일 주소 등을 명시한다.

반복   위의 중요 사항들을 되풀이하는 것.
중요 사항들은 최소 2회 이상 반복해야 고객의 머릿속에 각인시키기 쉽다.

한정   우리가 제공하는 로볼이 아무에게나 항상 제공되는 것이 아님을 알리는 문구.

다음은 제가 직접 만든 전단물입니다.

보시다시피 상단의 캐치카피는 문제 제기와 로볼 제시로 이루어져 있습니다. 그리고 본문의 주된 내용은 문제와 해결에 대한 것이며, 로볼도 살짝 들어가 있습니다.

그 바로 밑의 요청 부분에는 무료로 보내주겠다는 내용이 적혀 있습니다. 로볼은 제목만 적혀 있고, 연락처와 함께 지금 바로 문자를 보내라는 구체적인 지시 사항이 들어가 있습니다. 그리고 그 아래에 고객 후기, 고객과 함께 찍은 사진, 협회 주소 등이 근거로 들어가 있습니다.

자, 이제 뒷면을 볼까요?

뒷면은 고객 사진과 후기로 이루어져 있는데 마지막에 한 번 더 요청을 반복했습니다.

이렇듯 8가지 요소를 각각 어디에 넣을지 잘 구성해서 체계적으로 작성한 레터는 고객들의 관심을 끌기 마련입니다. 당연히 연락도 활발하게 오겠지요. 현재 통계를 보면 100장의 레터를 보냈을 때 보통 5~10건의 연락이 옵니다.

네일아트샵대상 거래처발굴영업 김기현 님

멘토는 DM글 만들어 발송할 것을 권하셨고 그에 대한 새로운 노하우와 비법을 알려주셨습니다.
회사에서는 처음 들어보는 방식이고 기존의 방식과 너무 달랐기에 방식을 거부 했습니다.
포기 할수 없어 혼자서 몇일 분께 DM을 발송하여 반응을 보았고 그 반응을 토대로.
2회와 3회 세미나에 DM을 발송하였고 결과는 엄청나게 많은 분들의 참석으로 인하여
하루 1회 였던 세미나가 하루 2회가 되었고 매출은 보신데로 1억에 가까운 물건을 판매하게 되었습니다.
이러한 결과 덕분에 저희 회사에서는 이번 여름 워크샵때 멘토를 직접 모시자고 벌써 난리 입니다.

그리고 현재 영업지역인 부산 수영구 대연동 남천동 일대에 삼이 40군데 정도가 되는데
저는 4월에 15군데 정도(기존거래처)를 넘겨받았습니다. 말이 탑탑하고 막막할기에 멘토에게 문의하고
과거의 일들을 상기시켜주시며 방법을 알려주셨습니다. 오늘 현재 31곳의 거래처를 다니고 있습니다.
15군데를 들기 위해 2년이 걸리셨는데 저희 사장님도 엄청나게 놀라시며 기뻐하고 계십니다
http://club.cyworld.com/5259868671131/45445081   2010.06.15 22:50

인쇄판촉 세일즈 윤영규 님

고객들에게 버려지는 명함, 전단지, 카다로그, 책자
특히 "누구시죠?" 기억 못하는 고객을 보면서 아쉬움을 혼자 달랬습니다.
근 1년만에 퇴직 후, 심현수 대표님의 강의를 듣기 시작하였습니다.
마케팅, Targeting, 세일즈 화법, 세일즈 레터를 활용하여,
Main Site : 학원,학교,보험,나이트클럽등의 영업소로 부터 전량 발주를 받기 시작했습니다.
그의 지인 소개 및 Main Site을 통한 간접홍보로 인하여 Site가 급수를 늘어나고 있습니다.
약간의 화술을 사용하였을 뿐입니다. 천천히 입소문타서 약 3주이면 90%이상 섭렵하였습니다.
이후 현재 매일매일 각각 개개인으로 물밀쳐서 발주하시고, 고정 수익을 생기기 시작하였습니다.
http://club.cyworld.com/5259868671131/45477222   2010.06.25 09:10

현대자동차세일즈 오정호님

근 10년 동안 메이커의 영업교육, 사비를 들여 세일즈 강의도 여러번 들어봤지만
영업인 협회의 체계적인 교육시스템이 바로 내가 찾던 오아시스란걸 확신하였습니다.
내안의 열정을 불러 일으켜주는 교육 컨텐츠는 환상이네요
사람의 능력을 끄집어 내는것도 리더쉽이라고 생각됩니다.
심대표님을 영업초기에 만났더라면 지금보다 훨씬 퍼펙트한 카 매니저가 되어 있었을 겁니다.
영업전직후 제 인생은 크게 빛을 발하지 못했지만, 인제는 자신있습니다.
영업인 협회의 교육을 충실히 다운로드 받으면 제품을 이루리라 확신합니다.
http://club.cyworld.com/5259868671261/44843655   2010.05.22 20:16

건강식품세일즈 이광연 님

불과 6개월전엔 아침저녁 전단지 돌리고 하루100군에 돌팜에서 5개 판매하고 이를은 몸살로
외출도못하고 끙끙댔었는데... 처음 영업을 마음먹었을때.. 세상에 이렇게 좋은게 있으니 누구에게나
알리기만 한다면 불티나게 팔리겠거나 생각했죠 현데 막상해보니 이거뭔걸 그 알리는게 굉장히 힘든
일이란걸 깨달았습니다 도저히 이방법은 안되겠다 싶어 그래 한국영업인협회 세미나를 찾아가보자..
결심하고 그 멀고도 멀은 강남이라는 곳까지 찾아갔습니다. 처음 강의를 듣고는... 충격이었습니다.
바로 저거야 싶더군요 강의 내내 아이디어가 새록새록 피올라.. 후반부는 집중이 안대지군요
다음날부터 바로 실행에 옮겨야지 생각했는데... 막상... 구체적인 방안이 안나오더군요..ㅡㅡ
결국 다시 돌빰으로 가고... 돌빰에 지질분 다시 세미나를 찾고.. 세번째 돌빰돌께지 샀네...
강의내용은 다 좋은 이야기지만 그걸 어떻게 실행해~ 그런거야 잘난놈들이나 하는거지
나같이 평범한 놈은 목록에 포기인생요 돌빰으로 조금씩 복가는거야~~ 생각했죠
처음 네번 다섯번 팔고보니.. 조금씩 구체적인 그림이 나오네요~ 이제 더이상 몰빰은 안합니다^^
6가월전인가 오직지 돌빰방 한달전인지... 돌빰은 장기적으로 편합한 방법이 아니지만
영업 초장이에 한달정도는 꼭 경험해봐야할 단적과 생각했는데..
지금은 돌빰은 절대 안하면 안되는 겁니다. 라고 말합니다. 잘할수 있는 사람도 돌빰이란걸 경험하고
포기하게 만드는거 같달대요 심사부님 개척비법 그룹과외에서 또 만나요~
http://club.cyworld.com/5259868671331/44431912   2010.05.06 20:56

근거

요청,
로볼,
반복,
한정

PART

4

고수,

마침내

명품마경연대회를 열다

먼저 말 관리비법을 정리해 책자로 만들겠습니다. 그리고 그 책자들을 기녀들이나 하인들을 통해서 아까 아씨한테 보여준 책자에 적혀 있는 양반들이 볼 수 있도록 하겠습니다. 그분들이 기별을 넣으면 만나서 일주일에 한 번 말을 관리해 주겠다는 제안을 하겠습니다. 물론 약간의 수고비는 받아야겠지요. 마구간을 깨끗하게 청소해 주고, 말의 털과 골격을 다듬어주겠다고 하면 거절하지 않을 겁니다.

1879년(고종 16년) 6월 21일

이번에는 달포(한 달) 만에 붓을 든다. 그동안 힘든 일도 많았지만 사랑 아씨가 곁에 있어 행복했다. 사랑 아씨만 내 옆에 있어준다면 어떤 어려움이 닥쳐도 즐겁게 이겨낼 수 있을 것 같다. 아씨를 보면 자신감이 불끈불끈 솟아오른다. 아니, 그것은 자신감이 아니라 연모의 정일지도 모른다. 아씨는 이런 내 마음을 모르겠지.

기방 문지기는 생김새와는 달리 착한 사람이었다. 이름은 달쇠라고 했다. 나이는 나보다 한참 위였지만 나는 그를 성님이라고 불렀다.

"달쇠 성님, 뭐 시키실 일 없수? 아씨가 도와주라고 해서 말이우."

나는 사랑 아씨 핑계를 대고 장작을 패거나 기방을 청소하는 일을 거들었다. 그것은 내 전공이나 마찬가지였다. 달쇠 성님은 부지런히 일하는 내가 마음에 들었는지 가끔 기방 한쪽 구석에 자리를 마련해 술과 안주를 내오기도 했다.

기생들은 달쇠 성님과 같이 다니는 나를 보고 새로 들어온 일꾼이라 여겼는지 이것저것 잔심부름을 시키곤 했다. 덕분에 나는 자유롭게 기방을 드나들 수 있었고, 스무날쯤 지나자 영의정을 지낸 누구는 어떤 말을 좋아하는지, 좌의정을 지낸 누구는 또 어떤 말을 좋아하는지 등등을 알아낼 수 있었다.

말에 관심을 보이는 사람들은 관직에서 물러난 양반들과 왕실 쪽 사람들, 그리고 장사로 큰돈을 번 상인들이었다. 현재 고위 관직에 있는 분들은 설사 말을 좋아하더라도 관심을 둘 만한 상황이 아닌 듯했다. 올해 들어서서 형조판서가 지금까지 무려 7번이나 바뀌었다고 했다. 이조판서와 포도대장, 한성부 판윤 등도 자주 바뀐다고 들었다. 그만큼 입지가 불안하다는 뜻이었다.

나는 그동안 얻은 정보를 정리한 책자를 들고 사랑 아씨를 찾아갔다. 아씨는 내가 내미는 책자를 꼼꼼히 읽어 내려갔다.

"정리가 잘 되어 있네요. 애쓰셨어요."

아씨가 환하게 웃으며 칭찬을 해주었다. 가슴이 고장 난 것처럼 제멋대로 뛰었다. 나는 여러 번 심호흡을 해서 마음을 가라앉히고 물었다.

"이제부터 어떻게 해야 하나요?"

"그 물음에 답하기 전에 먼저 내 얘기부터 들려줄까 해요. 그러고 나서 같이 생각해 보기로 하죠."

나는 침을 꿀꺽 삼키고 아씨의 입을 쳐다보았다. 진달래 꽃잎처럼 붉은 입술이었다.

"나는 회주님 친딸이 아니에요. 친부모님은 어렸을 때 돌아가셨는데 그때 아버님 친구 분이셨던 회주님이 나를 양녀로 거두었지요."

뜻밖의 이야기였다. 나 역시 양부모님 밑에서 자란 처지였다. 묘한 동질감이 느껴졌다.

"회주님은 대규모 상단을 이끌고 청나라를 오가던 객주셨는데, 어느 날 갑자기 상단을 정리하고 조선영업인회를 만드셨어요. 제가 이유를 물으니 당신께서 직접 돈을 버는 것보다는 사람들에게 돈을 버는 방법을 알려주고 싶다고 하시더군요."

나는 귀를 쫑긋 세우고 아씨의 말을 들었다. 아씨의 목소리는 나

직했지만 힘이 있었다.

회주님은 내가 열다섯 살이 되자 청나라에 데리고 가셨지요. 아마
도 더 큰 세상을 내게 보여주시고 싶었던 모양이에요. 청나라에는 서
양에서 들어온 진귀한 물건들이 정말 많더군요. 하지만 내 관심을 끌
었던 건 분과 방물이었어요. 나 역시 여자의 몸이라 어쩔 수가 없었
나 봐요.

그 후에도 몇 차례 청나라를 다녀왔지만 분을 들여와 팔아야겠다
는 생각은 하지 못했어요. 장사에는 별 흥미도 없었고, 재주도 없다
고 여겼거든요. 그러다 작년 봄에 다시 회주님을 따라 청나라에 갔을
때 비로소 분을 들여와 팔아야겠다는 마음을 먹게 되었지요. 무슨 까
닭인지는 잘 모르겠어요. 문득 장사가 하고 싶어지더군요.

나는 회주님에게 돈을 빌려 분을 잔뜩 사들고 조선으로 돌아왔지
요. 그리고 기방을 찾아가 기녀들에게 팔기 시작했어요. 하지만 내가
아무리 분이 좋다고 설명해도 기녀들의 반응은 시큰둥했어요. 대부
분은 한번 생각해 볼 테니 다음에 오라는 말로 나를 내치더군요. 어
떤 기녀는 값이 비싸다며 깎아 달라고 요구하기도 했고, 또 어떤 기
녀는 청나라 분치고는 물건의 질이 떨어진다는 불평을 늘어놓기도

했어요.

그래도 언젠가는 사주겠지, 하는 마음으로 기방을 들락거렸는데 어느 날 기녀들이 방물장수에게도 똑같은 말을 하는 걸 들었어요. 그제야 다음에 다시 오라는 말에는 분을 사지 않겠다는 뜻이 들어 있음을 알았지요. 기녀들이 속으로 나를 얼마나 비웃었을까 생각하니 정말 부끄럽더군요.

나는 곧바로 집으로 돌아와 생각했어요.

'왜 기녀들은 내가 가져간 분을 사지 않는 것일까. 청나라에서 만든 좋은 분이라는 것을 알고 있을 텐데….'

그때 회주님이 문하생들에게 자주 하시는 말씀이 떠올랐어요.

"물건을 팔려고 하지 마라. 사도록 만들어라. 상대가 원하는 것을 만족시켜주면 물건은 자연히 팔리게 되어 있다."

그것은 아주 중요한 말이었어요. 나는 기녀들이 원하는 것은 무엇일까, 곰곰이 따져봤지요. 그러다 피부를 맑고 깨끗하게 만들고, 유지하는 방법을 알려주면 좋아할 거라는 생각을 하게 되었어요. 다행히 그 부분에 대해서는 아는 바가 있었지요. 청나라에는 피부 미용에 관한 서적들이 제법 있었거든요.

나는 그날 밤늦게까지 내가 아는 것을 정리해 책자로 만들었어요.

제목은 '피부를 맑고 깨끗하게 하는 10가지 비법'이었지요. 그 안에는 두 번째 씻은 쌀뜨물로 세수를 하면 얼굴이 하얗게 된다는 것과 녹두를 사용하면 묵은 때와 각질을 쉽게 벗길 수 있다는 등의 내용이 들어 있었어요.

다음 날 기방을 찾아간 나는 기녀들에게 분에 대해서는 한 마디도 하지 않았어요. 은근히 피부에 대한 이야기를 시작해 기녀들의 관심을 끈 후 책자를 보여주며 미용법에 대해 설명했지요. 그러자 나를 귀찮게 여기던 기녀들이 하나 둘 호감을 보이더군요. 나는 그중에서 가장 많은 질문을 던진 기녀에게 책자를 건네주고 기방을 나왔어요.

며칠 후 기녀들이 사람을 시켜 나를 만나고 싶다는 통지를 보내왔어요. 나는 찾는 사람이 많아 바쁘다는 핑계를 대고 이틀이 지난 후에 기방에 들렀지요. 기녀들은 어릴 때 헤어졌던 친언니라도 온 듯 반갑게 나를 맞이했어요. 내가 알려준 비법이 효과가 있었나 봐요. 나를 피부 미용 전문가로 알고 있더군요. 나는 기녀들을 모아놓고 내가 알고 있는 지식을 알려주었지요.

그 후 나에 대한 소문은 기방에서 기방으로 퍼져나갔고, 나를 찾는 기녀들도 늘어났지요. 당연히 청나라에서 들여온 분도 날개 돋친 듯 팔려나갔어요. 기녀들은 분뿐만 아니라 옷가지와 반지, 비녀 같은 방물도 나에게 구해 달라고 부탁하더군요.

그 무렵 안양에서 분을 만들고 있다는 기술자가 나를 찾아왔어요. 여인처럼 예쁘장하게 생긴 남자였는데, 청나라에서 분을 만드는 기술을 몰래 배워왔다고 하더군요. 하지만 그가 만든 분은 청나라 분과 비교해도 품질이 전혀 떨어지지 않았어요. 오히려 우리 땅에서 나는 약초를 써서 효과가 더 좋았지요. 그 후 그 사람이 다리를 놓아 옷을 만드는 기술자, 방물을 만드는 기술자도 만나게 되었지요. 얼마나 솜씨들이 좋은지 청나라 상인들도 그분들이 만든 물건을 탐낼 정도예요.

아씨의 이야기는 밤이 이슥할 때까지 계속되었는데 하나같이 놀라운 이야기라 듣는 내내 입을 다물 수 없었다. 특히 전국의 기녀들을 대상으로 '춘향선발대회'를 열고 한양의 지체 높은 양반들을 끌어들여 심사위원으로 삼았다는 말을 들었을 때는 크게 감탄하지 않을 수 없었다.

아씨는 장안의 한량들은 물론 고관대작들도 춘향선발대회에 큰 관심을 보였고, 덕분에 성황리에 대회를 끝마칠 수 있었다고 했다. 그 후 아씨의 명성은 하늘을 찌를 듯 높아졌고, 지금은 기녀들뿐만 아니라 양반가의 마나님들과 부자로 손꼽히는 상인의 부인들도 아씨를 찾는다고 했다.

"그래서 미화성녀라는 별칭을 얻게 되었군요."

아씨는 입을 벌린 채 눈을 크게 뜨고 있는 나를 잠시 쳐다보더니 물었다.

"이제 어떻게 해야 좋을지 감이 잡히나요?"

"…네. 제 생각을 말씀드려도 될까요?"

"그럼요. 해보세요."

"먼저 말 관리비법을 정리해 책자로 만들겠습니다. 그리고 그 책자들을 기녀들이나 하인들을 통해서 아까 아씨한테 보여준 책자에 적혀 있는 양반들이 볼 수 있도록 하겠습니다. 그분들이 기별을 넣으면 만나서 일주일에 한 번 말을 관리해 주겠다는 제안을 하겠습니다. 물론 약간의 수고비는 받아야겠지요. 마구간을 깨끗하게 청소해 주고, 말의 털과 골격을 다듬어주겠다고 하면 거절하지 않을 겁니다. 말에 대해서 잘 모르는 하인들에 말을 맡기는 것보다는 저에게 맡기는 게 훨씬 나을 테니까요."

"그런 다음에는요?"

"저도 말 경연대회를 열고, 지체 높은 분들을 심사위원으로 모실 생각입니다."

"자신 있어요?"

"네. 자신 있습니다."

나는 주먹을 불끈 쥐고 아씨를 쳐다보았다. 아씨는 고개를 끄덕이며 물었다.

"늦도록 아무것도 못 먹었는데 시장하지 않나요?"

"저야 괜찮지만 아씨께서 시장하시겠어요. 어쩌죠?"

"어쩌긴, 밥을 먹어야죠."

아씨가 웃으며 말했다. 입술 사이로 보이는 치아도 얼굴만큼이나 희고 깨끗했다. 아씨는 일하는 아주머니를 부르지 않고 직접 부엌에 가서 음식을 만들어왔다.

아씨와 겸상을 하는 것만 해도 가문의 영광인데 직접 만든 음식을 먹다니, 참으로 엄청난 행운을 누린 셈이었다. 누군가가 "이건 꿈이야!"라고 소리치며 냅다 내 뺨을 후려칠까 봐 겁이 날 정도였다.

내 인생에 있어 가장 행복한 하루였다.

1879년(고종 16년) 8월 13일

조선영업인회에 들어온 지도 벌써 석 달이 지났다. 시간이 화살처럼 느껴질 정도로 바쁜 나날이었다. 그동안 내 위치는 가파르게 변했다. 두 달 전 정식 문하생이 되고, 한 달 전에 수석 문하생이 된 나는 이제 말을 파는 일에만 집중하고 있다. 허드렛일은 나보다 늦게 들어온 후배들이 맡아서 하고 있다. 지금 나와 같은 방을 쓰고 있는 나약수도 내 후배다. 나흘 전에 들어온 약수는 물을 파는 일을 하고 있는데, 조선 제일의 물팔이가 되고 싶다고 한다. 약수가 내게 도움을 청하면 나는 기꺼이 도와줄 생각이다. 사랑 아씨가 나에게 그러했듯이.

사랑 아씨는 말 관리비법을 만들 때도 큰 도움을 줬다. 아씨는 사람들의 관심을 끌려면 어떤 방식으로 글을 써야 하는지, 어떤 문구를 넣어야 하는지 등등을 자세히 일러주었다. 또 내가 한문을 쓸 줄 모른다는 것을 알고는 양반들이 보는 책자이니 한문을 써야 한다며 초안까지 잡아주었다. 그러면서 이렇게 말했다.

"책 표지는 좋은 종이를 쓰도록 하고, 앞으로는 아무리 바빠도 술시戌時(오후 7시부터 9시까지)에 나를 찾아와 천자문을 배우도록 하세요."

나는 삐죽삐죽 새어나오려는 웃음을 간신히 참았다. 한문을 모른다는 것이 참으로 다행이었다.

나는 아씨가 일러준 대로 책자를 고급스럽게 만들어 다섯 양반들에게만 전했다. 그리고 닷새쯤 지나자 병조판서를 지낸 오 대감댁 하인이 나를 찾아왔다. 나는 의복을 단정하게 갖추고 하인을 따라가 오 대감을 만났다.

오 대감은 나를 보자마자 말에 대해 이것저것 묻기 시작했다. 모두 예상했던 질문들이었다. 나는 막힘없이 술술 대답했고, 내 대답을 들은 오 대감은 고개를 끄덕이며 말했다.

"내 약간의 수고비는 챙겨줄 터이니 일주일에 한 번 들러 말을 돌보거라."

그것이 시작이었다. 오 대감댁에 다녀온 다음 날부터 나에게 책자를 받은 다른 양반들이 다투듯 나를 찾았다. 한 분을 만나고 나오면 문 앞에서 기다리고 있는 하인에게 끌려 곧바로 다른 집으로 가야 했다. 나는 그들에게 일정한 수고비를 받고 일주일에 한 번 들러 말을 돌봐주기로 약속했다.

나를 찾는 이들은 그들뿐만이 아니었다. 좋은 말을 가지고 있는 사람들은 대부분 나를 만나고 싶어 했다. 그들은 내게 말 관리를 맡기는 것은 물론 돈을 줄 테니 말 관리비법 책자를 자신에게도 달라고 했다. 아마도 나에게 책자를 받았던 양반들이 그것을 자랑거리로 삼는 모양이었다. 말을 팔려다가 뜻하지 않게 책을 팔게 된 셈이었다.

물론 책을 팔아서 남는 이문은 크지 않았다. 하지만 책자는 눈에 보이는 이문보다 더 큰 이익을 내게 안겨주었다. 사람들은 책을 보고 나를 말 전문가로 인정해 주었다. 그것만으로도 충분히 감사한 일이었다. 모두 사랑 아씨 덕분이었다.

나는 정성을 다해 말을 돌보았고, 나에 대한 손님들의 믿음은 갈수록 단단해졌다. 그렇게 달포쯤 지나자 마침내 오 대감이 나를 불러 좋은 말이 있으면 어디 한번 가져와 보라고 일렀다. 나는 그 길로 오 대감댁 하인과 함께 측근 성님 마장으로 갔다.

"성님, 오랜만이우."

측근 성님은 천막 안에 있었다.

"네가 어쩐 일이냐? 한동안 코빼기도 보이지 않더니?"

"말 좀 보려고 왔수. 여기 이분은 오 대감댁에서 일하는 분이우."

나는 오 대감댁 하인을 측근 성님에게 소개시키고 함께 천막을 나와 말들을 하나하나 살펴보았다. 중간쯤 이르자 붉은 털이 비단처럼 곱고, 골격이 잘빠진 적토마가 당당한 자세로 서 있었다. 얼굴 생김새도 근사하게 잘생긴 놈이었다. 더 볼 것도 없었다.

"못 보던 친구네. 이놈 좀 데려가도 되겠수?"

"여기서 가장 비싼 놈인데…."

측근 성님은 말끝을 흐리며 오 대감댁 하인을 쳐다보았다.

"나 잠깐 봅시다, 성님."

나는 재빨리 측근 성님을 내 쪽으로 끌어당기고 귀엣말을 했다.

"왜 이러슈? 체면 구기게. 정 걱정되면 성님도 따라오든지."

"그러면 되겠구먼. 공연한 걱정을 했네. 말은 내가 끌고 갈 테니어서 앞장서게."

나는 보무도 당당히 오 대감댁으로 향했다.

오 대감은 말이 썩 마음에 드는 모양이었다. 내가 제시한 금액에

웃돈까지 얹어주었다. 내가 말 값을 치르자 측근 성님은 기특하다는 말 한마디 없이 술이나 한잔 사라고 했다.

그때부터 막힌 물꼬가 트이듯 여기저기서 말을 사겠다는 사람들이 나타났다. 드디어 말팔이로서의 내 명성이 널리 알려지기 시작한 것이다.

마침내 나는 아씨에게 말씀드린 대로 '명품마경연대회'를 열 계획을 세우고, 나에게 말을 구입한 지체 높은 양반들을 찾아가 심사위원이 되어달라고 부탁했다. 그들은 무료하던 차에 잘됐다며 흔쾌히 내 부탁을 들어주었다.

7월 보름에 측근 성님 마장에서 열린 명품마경연대회는 장안에 큰 화제가 되었다. 어떻게들 알았는지 별감(임금이나 세자가 행차할 때 따라다니며 지키던 사람들)들이 승전놀음(관기와 명창, 악공들이 노래와 춤으로 즐기던 행사)을 벌일 때보다 더 많은 사람들이 모여들었다. 소문에는 고종 황제도 관심을 보였다고 했다.

그 후 각도의 감사와 고을의 수령들도 사람을 보내 나를 찾았다. 나는 고객들을 만나러 다니느라 정신없이 바빴지만 술시에 사랑 아씨 방에 가는 일만은 거르지 않으려고 노력했다.

내가 찾아가면 사랑 아씨는 늘 반갑게 맞이했다. 나를 대견하게 여겼고, 활기차게 일하는 내 모습이 보기 좋다고 했다. 그럴 때마다 아씨를 마음에 품고 있다는 말이 입안을 맴돌았지만 차마 할 수 없었다. 그러다 거절이라도 당하면 다시는 아씨를 볼 수 없을 것 같았기 때문이다.

회주님은 명품마선발대회를 치른 다음 날 문하생들을 모두 모아 놓고 나를 수석 문하생으로 임명한다고 발표했다. 가슴이 뿌듯했다. 회주님은 문하생들 앞에서 나에 대한 칭찬을 아끼지 않았다. 무섭고, 어렵게만 느껴졌던 회주님에게 칭찬을 들으니 세상을 다 얻은 것마냥 기뻤다. 사랑 아씨도 자기 일처럼 기뻐했다. 그 모습을 보고 혹시 아씨도 나를 좋아하고 있는 건 아닐까, 하는 생각이 스쳐지나갔다.

생각해 보니 내일모레가 한가위다. 동래에 계시는 부모님은 어떻게 지내시는지, 궁금하고 또 보고 싶다. 사랑 아씨를 며느리로 맞게 된다면 얼마나 기뻐하실까.

심길후식 영업 개척비법 강의 5

잠재고객의 보상심리, 본전심리를 이용하라

사랑 아씨의 '춘향선발대회'를 벤치마킹해 '명품마경연대회'를 개최한 고수를 여러분은 어떻게 보십니까? 조선 제일의 마팔이가 될 자격이 있지 않나요? 이번 기회에 여러분도 각자의 업종에 맞는 캠페인을 한번 기획해 보시는 건 어떨까 싶네요. 확실한 성과를 올릴 수 있을 겁니다.

고수처럼 선발대회를 열 수도 있고 강연회를 열 수도 있겠지요? 이색적이고 독특해서 입소문이 절로 날 수 있을 만한 행사를 기획해 보는 것도 좋을 겁니다.

고수는 사랑 아씨에게 말한 대로 말 관리비법이 들어 있는 책자를 만들고, 일주일에 한 번 말을 관리해 주는 일을 하게 됩니다. 물론 약간의 수고비는 받고 말이지요. 고수가 만든 책자는 인기가 많아 돈을 줄 테니 팔라는 사람들도 생깁니다. 말을 팔려다가 뜻하지 않게 책을 팔게 된 셈이지요.

제가 이 이야기를 하는 이유는 고수가 파는 책자나 일주일에 한 번씩 해주는 말관리가 지금부터 강의하려는 개입상품과 관계가 있기 때문입니다.

개입상품을 설명하기 전에 왜 주력상품을 설정해야 하는지에 대해서 잠깐 말씀드리겠습니다. 영업하는 분들에게 무엇을 팔고 있는지 여쭤보면 대부분 회사에서 취급하는 상품은 다 팔고 있다고 대답합니다. 때문에 하나의 제품을 선정하고 그에 맞는 고객을 찾기보다는 일단 물건을 살 만한 사람을 찾아놓고, 취급하는 많은 상품 중에서 그 사람에게 어울릴 만한 몇 가지를 골라 구매 제안을 하는 경향이 있습니다. 물론 나쁜 방법이라고는 할 수 없지만 이런 경우 고객에게 해당 제품의 전문가라는 인식을 심어주기 힘듭니다.

반면에 판매하려는 제품을 하나로 정해서 그 제품에 어울리는 포인트와 타깃팅을 선정하고, 로볼 마케팅 전략 등을 펼쳐나간다면 고객들이 나에게 제품을 사야 하는 이유가 명확해질 것입니다.

주력상품을 설정할 때는 먼저 '내가 취급하고 있는 여러 제품 중에서 단 하나의 상품만을 취급해야 한다면 어떤 제품이 가장 나와 맞겠는가?' 하는 질문을 스스로에게 던져보십시오. 그런 다음 경쟁력은 있는지, 수익성 측면에서 괜찮은지, 고객에게 전문가라는 인식을 심어줄 수 있는지 등을 꼼꼼히 분석해 보고 결정하시기 바랍니다.

자, 이제 본격적으로 개입상품에 대한 강의를 시작해 볼까요?

여기 추운 겨울날 친구와 약속이 있어서 집을 나서는 차미련 양이 있습니다. 버스정류장은 걸어서 3분 거리에 있고, 지하철역은 4분 거리에 있습니다. 그런데 버스를 타나 지하철을 타나 약속 장소까지 걸리는 시간은 20분 정도입니다.

차미련 양은 버스정류장에 멈춰 서서 버스를 기다립니다. 하지만 기다리는 버스는 좀처럼 오지 않습니다. 10분이 지나도, 15분이 지나도 버스는 나타나지 않습니다. 그런데다 차가운 바람이 횡횡 부는 바람에 온몸이 얼어붙을 지경입니다. 지금이라도 지하철역으로 냉큼 달려가서 지하철을 타면 춥지도 않고, 약속 시간에 많이 늦지 않을 텐데, 차미련 양은 꿋꿋하게 버스를 기다립니다.

차미련 양의 생각은 이렇습니다.

'15분 동안 기다린 게 아까워서라도 버스 타고 간다!'

결국 차미련 양은 20분을 기다린 끝에 간신히 버스를 타고 약속 장소로 갔습니다. 친구와 약속한 시간에 늦은 것은 아주 당연한 일이고, 찬바람을 많이 맞아 감기까지 걸리고 말았습니다.

이 얼마나 어리석은 행동입니까?

여러분은 안 그럴 것 같지요? 하지만 비슷한 상황에 처하면 대부분의 사람들이 차미련 양과 같은 행동을 합니다. 시간이든 돈이든 노력이든 무엇인가를 투자하면 그에 대한 보상을 받고 싶어 하는 것이 사람의 마음이기 때문입니다. 그래서 합리적이지 못한 행동을 하는 것이죠.

예를 들어 아이쇼핑이나 실컷 하고 오자는 생각에 집에서 2시간 넘게 걸리는 명품아울렛에 갔다가 '이왕 온 김에 하나 사가자. 기름값은 뽑아야지!' 하는 생각에 물건을 사신 적은 없으십니까?

이처럼 투자한 것에 대한 보상심리, 다른 말로 하면 미련한 본전심보를 영업에 활용한 것이 바로 개입상품입니다.

제가 아는 한 미용실에서는 시간당 1만 원을 받고 손님에게 컨설팅을 해줍니다. 미용실에서 무슨 컨설팅을 하느냐고요? 재밌게도 그 미용실은 손님의 두상과 인상을 분석하여 그에게 딱 맞는 맞춤 헤어스타일인 '마이스타일'을 찾아주는 컨설팅을 합니다. 이 컨설팅을 우리는 개입상품이라고 말합니다.

여러분이 그 미용실에서 머리 자르는 비용에 1만 원을 더 내고 컨설팅을 받아 마이스타일을 찾았다고 합시다. 다음에 머리 자를 때가 되었을 때 다른 미용실에 가겠습니까?

여러분은 이미 미용실의 전문성을 인정하고 있을 겁니다. 또한 다른 미용실에서는 '마이스타일' 대로 잘라줄 수 없을 거라는 의심도 들 겁니다. 따라서 커트 비용이 다른 미용실보다 비싸다고 해도 그 미용실을 찾아갈 수밖에 없을 겁니다.

아니 미용실을 찾아간 자체가 그곳의 고객이 되겠다는 생각이 있어서는 아닐까요? 물론 커트나 컨설팅이 마음에 들어야 단골이 되겠지요.

이런 경우 헤어스타일이 정말 이상하게 나오지 않은 이상 그 미용실이 마음에 들 수밖에 없습니다. 아니, 무조건 마음에 들어야만 합니다. 자신이 원해서 찾아갔고, 컨설팅에도 적극적으로 참여했기 때문이지요.

이번에는 다른 예를 들어보겠습니다.

여러분이 애견 훈련사라면 어떤 프로세스를 통해서 고객을 발굴하겠습니까? 당연히 타깃팅을 먼저 해야 하겠죠?

이때 화이트 포메라니안처럼 털 관리를 필수적으로 잘하지 않으면 안 되는 견종을 전문적으로 훈련시키는 사람이라면 털 관리에 대한 정보를 로볼로 활용할 수 있을 겁니다. 즉 정보집이나 동영상을 만들어서 잠재고객에게 나누어주는 것이지요.

이러한 로볼을 통해 털 관리가 필요한 견주들, 즉 타깃팅 고객들의 DB를 확보할 수 있을 것입니다.

여기서 다시 묻겠습니다.

각종 로볼을 통해 확보해 놓은 견주들에게 주력상품의 구매를 유도하기 위해서 판매할 수 있는 개입상품으로는 어떤 것들이 있을까요?

개를 좋아하는 저는 애견 훈련에도 관심이 많은데, 얼마 전 골든 리트리버를 입양하면서 어떻게 훈련을 시켜야 하는지 알아보다가 이런 생각을 해봤습니다.

애견을 훈련소에 입소시키기 전에 훈련 적성을 평가하는 테스트를 실시하면 어떨까? 이 테스트를 개입상품으로 삼아 1시간에 10만원 정도 받고 테스트를 진행하면서 간단한 훈련도 시키고, 견주도 교육시키는 것이다. 테스트 결과 기준점 이상의 점수가 나오지 않으면 훈련소에 입소시킬 수 없다고 하자.

내 애견이 간신히 테스트를 통과해서 훈련소에 들어갈 수 있는 자격이 생겼다면 훈련을 맡기고 싶지 않을까? 다른 곳에서는 애견을 훈련시키는 데 드는 비용이 월 40만 원인데 이곳에서는 10만 원을 더 받아서 50만 원을 내야 한다고 해도 웬만하면 이곳에서 훈련시키고 싶지 않을까?

더군다나 테스트를 마친 후 바로 훈련소에 들여보낼 경우 첫 달에는 테스트 비용 10만원을 받지 않는다고 하면 바로 그 자리에서 입소시키려고 하지 않을까?

월 4~50만 원의 비용이 드는 훈련상품을 파는 것보다는 10만 원짜리 애견 테스트 및 견주 교육상품이 판매하기가 훨씬 쉬울 것이다. 또한 이 개입상품을 구매한 사람들은 보상심리, 본전심보에 의해서 큰 이변이 없는 한 주력상품, 즉 훈련상품을 구매하게 될 것이다. 이 얼마나 효율적인 영업방식인가?

여러분은 어떤 개입상품을 생각해 내셨는지 궁금하네요. 책에 제 메일 주소가 적혀 있으니 생각나는 개입상품을 메일로 보내주신 분들 중에서 열 분을 뽑아 '심길후식 개척비법 동영상 샘플'을 무료로 보내드리겠습니다.

대박 주모,

소비수로

또 터지다

손님마다 식성이 다르다는 사실을 명심하고 각각의 손님들이 가장 맛있어 하는 파전의 크기가 얼마인지, 또 어떤 해물을 좋아하는지 등등을 파악해서 머릿속에 꾹 담아두거나 종이에 적어두시오. 그리고 손님이 찾아왔을 때 그 사람이 가장 맛있게 먹었던 파전을 만들어 내놓으시오. 즉 손님의 입맛에 맞는 '맞춤파전'을 만들라는 뜻이오. 이를 일컬어 소비수消費手(소비하게 만드는 방법. 요즘 말로 하면 서비스)라고 하는데, 한 번 온 손님을 다시 오게 만드는 비법 중의 비법이라고 할 수 있소.

1879년(고종 16년) 10월 20일

한창 추울 때 한양에 올라왔는데 머지않아 또 겨울을 맞이하게 되었다. 이제는 아침저녁으로 바람이 제법 차다.

회주님은 오늘 낮에 동래로 떠나셨다. 친구이신 남상 南商(동래상인)의 대방 어르신을 만나고, 길을 나선 김에 송상 松商(개성상인)과 만상 灣商(의주상인)에도 들를 예정이라고 했다. 그 말을 들으니 부모님이 더 보고 싶어졌다. 한가위에는 꼭 부모님을 뵙고 싶었는데 내려갈 수가 없었다. 선물용 말을 찾는 고객들이 많아져서 정신없이 바빴기 때문이다. 하지만 머지않아 부모님을 만나게 될 것이다.

나약수는 부지런한 친구였다. 아침 일찍 일어나 물을 길어오는 것부터 시작해서 집안의 허드렛일을 도맡아 하는 것이 예전의 나와 비슷했다. 아씨 방에서 공부를 마치고 돌아오면 약수는 코를 골며 자고 있었다. 많이 피곤한 모양이었다.

그러던 약수가 잠을 자지 않고 나를 기다린 것은 9월 초하룻날 저녁이었다. 약수는 심각한 표정으로 나에게 물었다.

"제가 어떻게 하면 성님처럼 될 수 있겠습니까?"

"느닷없이 무슨 소리야?"

"오늘에서야 알았습니다. 성님이 그 유명한 마황馬皇이라면서요?"

마황은 말의 황제라는 뜻으로 말에 대해서는 모르는 것이 없고, 또 잘 다루고 잘 판다고 해서 사람들이 붙여준 별칭이었다.

"누가 그러던가?"

"저잣거리에 소문이 파다합디다. 한 방을 쓰는 처지인데 저만 모르고 있었더군요."

약수는 섭섭하다는 듯이 말했다.

"사람 참. 사람들이 그저 농으로 하는 소리네. 한 귀로 듣고 한 귀로 흘리게."

"도와주십시오, 성님."

약수는 갑자기 무릎을 꿇고 애원하듯 나를 쳐다보았다.

"왜 이러나, 약수. 도와줄 일이 있으면 도와줄 터이니 편히 앉아서 말하게."

"전 이 자세가 편합니다."

"내가 뭘 도와주면 되겠나?"

"성님의 판매비법을 전수해 주십시오."

"판매비법이라…. 자네가 팔려는 것이 뭔가?"

"물입니다."

"물? 물을 돈 주고 사먹는 사람도 다 있나?"

"물을 판다고 하니 제가 봉이 김 선달처럼 보이시겠지요. 그러나 제 말씀을 다 들으면 저를 이해하실 수 있을 겁니다."

그러면서 약수는 자신의 내력을 들려주었다.

작은 고을의 현령을 지냈던 아버님은 제가 장원급제하여 가문의 명예를 드높이기를 바라셨지요. 그러나 어려서부터 몸이 약했던 저는 공부를 제대로 할 수 없었어요. 조금만 책을 봐도 눈이 아프고, 머리가 어질어질했거든요. 아버님은 용하다고 소문난 의원들을 찾아다니며 몸에 좋다는 보약은 죄다 해와서 저에게 먹였지요.

저는 아버님의 기대를 저버릴 수 없어서 억지로 밤늦게까지 공부를 했어요. 그러다 보니 갈수록 몸이 더 안 좋아지더군요. 제가 자주 코피를 쏟고 때로는 혼절을 하자 어머님은 이러다 큰일 나겠다 싶었던지 아버님께 말씀드리셨나 봐요.

"욕심을 버리시고 약수를 의원에 보내 의술공부를 시키는 것이 어떻겠습니까? 의과에 급제해 내의원에 들어가면 어의가 될 수도 있는 일 아닙니까?"

아버님도 내 몸이 걱정되었는지 어머님의 뜻을 받아들이셨어요.

며칠 후 저는 종로에 있는 유명한 의원에 들어가 의술을 공부하게 되었지요. 산에 올라가 약초를 캐오는 일부터 시작했는데 나쁘지 않았어요. 오히려 좋은 공기를 마시고 적당한 운동을 하니 몸이 좋아지는 것 같더군요. 그러나 약재 달이는 냄새만큼은 도저히 참을 수가 없더군요.

결국 저는 두 달도 채 견디지 못하고 자주 약초를 캐러가던 산 중턱의 조그만 절에 들어갔어요. 그곳에서 저는 주지 스님을 도와 밭을 일구고, 나물 따위를 캐며 지냈어요. 몸도 편하고, 마음도 참 편하더군요.

그러던 어느 날 나물을 캐고 돌아오는 길에 발을 잘못 디뎌 구르고 말았지요. 바윈가 나무인가에 부딪쳐 정신을 잃었는데 깨어나 보니 샘물이 보이더군요. 몹시 목이 말라 입을 대고 벌컥벌컥 들이켰는데 물맛이 기가 막히게 좋았어요.

그날부터 저는 매일 그 물만 마셨지요. 그 후 제 몸은 하루가 다르게 좋아졌어요. 저는 그 이유가 아마도 샘물 주위에 많이 자라고 있는 참마에 있는 게 아닌가 싶었어요. 『동의보감』에 의하면 참마는 '허로虛勞(몸과 마음이 허약하고 피곤한 것)와 신腎(콩팥)을 보호하고, 오장을 튼튼하게 하여 기력을 돋우고, 뼈와 근육을 강하게 하며, 위장을 잘 다스려 설사를 멎게 하고, 정신을 편안하게 한다.' 고 했거든요.

문득 '이 물을 가져다 팔면 큰돈을 벌 수 있겠다.' 는 생각이 들더군요. 샘물은 한꺼번에 많이 퍼내지만 않으면 결코 마르지 않을 테고, 샘물이 있는 장소를 아는 사람은 저 하나뿐이니까요.

저는 곧바로 주지 스님에게 인사를 하고 산을 내려왔지요. 하지만 물을 누구에게, 어떻게 팔아야 할지 모르겠더군요. 저는 밥도 먹을 겸 주막에 들어가 넌지시 주모에게 물 이야기를 들려주었지요. 제 이야기에 관심을 보일 줄 알았던 주모는 버럭 화를 내더군요.

"사기를 치려거든. 좀 그럴듯하게 치시구랴. 얼른 밥이나 처드시고 가슈."

주모의 기세에 눌려 밥도 다 먹지 못하고 주막을 나온 저는 저잣거리를 돌아다니며 몸이 약해 보이거나 어딘가 아파 보이는 사람들에게 말을 건넸지요. 그들에게는 꼭 필요한 물이니까요. 하지만 그들 역시 저를 사기꾼 취급하더군요.

'왜 사람들은 내 말을 믿지 않는 것일까?'

정말 알 수 없는 일이었어요. 저는 절에 있을 때가 편했는데 왜 사서 고생을 하나 싶어 다시 산으로 들어가기로 마음먹고 주막에 들어가 술을 시켜 먹었지요. 술이라도 마시면 답답한 마음이 조금은 가라앉을 것 같았거든요.

그때 마침 제 옆자리에 앉아 있던 두 사람이 조선영업인회에 대해서 말을 하지 뭡니까. 장돌뱅이들처럼 보였는데 한 사람은 키가 작았고, 한 사람은 키가 컸어요.

"얼마 전에 '명품마경연대회' 를 열어 장안의 화제를 모았던 친구 알지?"

키 큰 친구가 묻자 키 작은 사내가 박자를 맞추듯 대답했지요.

"알다마다. 그 친구 조선영업인회 문하생이라더군."

"회주는 대규모 상단을 이끌고 청나라를 제 집 드나들듯 하던 거상이었다지."

"회주 딸은 거 뭐냐, 기녀들은 물론 대감댁 마나님들과 돈푼깨나 있는 집안 부인들 사이에서도 인기 최고인 미화성녀 아닌가."

"자넨 본 적이 있다며? 정말 양귀비도 울고 갈 정도로 예쁜가?"

"말해 뭣 하겠는가. 입만 아프지. 땅 사람이 아니야. 하늘 사람이지."

저는 용기를 내서 그들에게 다가가 술은 원하는 대로 받아줄 테니 조선영업인회에 대해서 자세히 알려달라고 했지요. 그렇게 해서 찾아온 곳이 바로 여기입니다. 그러나 회주님은 좀처럼 저를 받아들이려 하지 않으셨어요. 저는 허드렛일이라도 시켜만 주시면 열심히 하겠다며 내치지 말아달라고 졸랐지요. 그랬더니 성님 방에서 묵으라고 하시더군요.

약수는 말을 마치고 무언가를 간절히 원하는 눈빛으로 나를 바라보았다.

"자네에게 뭐 하나만 물어보지. 물을 팔려는 이유가 뭔가?"

"몸에 좋은 약수니까요. 허약한 사람이 마시면 저처럼 건강해지고, 건강한 사람이 마시면 더 건강해지니까요."

"그럼 공짜로 나눠주지 그러나. 사실 그 물은 자네 것이 아니지 않은가."

"솔직히 말씀드리면 돈도 좀 벌고 싶습니다. 저는 어려서부터 지금까지 부모님 속만 썩인 자식입니다. 이제라도 부모님을 기쁘게 해주고 싶어요."

"건강해진 자네의 모습을 보면 부모님이 기뻐할지 않을까?"

"부모님 마음이야 그렇겠지요. 하지만 저는…."

약수는 말을 잇지 못했다. 갑자기 부모님 생각이 나는 모양이었다. 눈에 물기가 어렸다. 약수는 심호흡을 몇 번 하고 나서 다시 입을 열었다.

"어쨌든 제가 조선 제일의 물팔이가 될 수 있도록 도와주십시오, 성님. 부탁입니다."

"먼저 열흘 동안 자네가 자랑하는 물을 마셔보겠네. 그 후에 도와줄지 말지 결정해도 괜찮겠지?"

"좋습니다, 성님."

약수는 자신 있게 말했다.

나는 약속한 대로 열흘 동안 약수가 가져온 물을 마셨다. 그의 말대로 물을 마신 다음부터 몸이 쉽게 지치지 않았고, 지쳤다 해도 빨리 회복되었다. 머리도 맑아져서 꾸벅꾸벅 졸지 않고 공부를 할 수 있었다.

나는 약수가 가져온 물을 사랑 아씨에게 주면서 약수와의 사이에 있었던 일을 이야기했다. 아씨는 며칠 먹어보더니 몸이 개운해지고 피부도 좋아지는 것 같다며 나중에 문제가 생기지 않도록 산을 구입해야겠다고 말했다.

"그리고 가난한 사람들에게는 돈을 받지 않고 물을 나누어주는 건 어떨까 싶네요."

"저도 아씨와 같은 생각입니다. 일단 제가 주인을 만나서 산이 있는 땅을 사들이겠습니다."

"그래요. 소문나기 전에 매듭을 지어야 차후에 시끄러운 일이 없을 거예요."

다음 날 나는 땅주인을 찾아가 산이 있는 땅을 구입하고 나서 약수를 불렀다.

"내가 시키는 대로 하겠다면 자네를 도와주겠네. 어떤가?"

"좋습니다. 성님이 시키는 대로 하겠습니다."

"얼마 전 수유현에 역병이 돌았다는 건 알고 있겠지?"

"네. 들어서 알고 있습니다."

"우선 나와 함께 샘물이 있는 곳으로 가서 물을 가득 퍼오세. 그 물을 달구지에 싣고 수유현으로 가서 병치레를 하느라 심신이 지친 사람들에게 무료로 나누어주는 거야."

"성님과 함께요?"

"왜 나를 믿지 못하겠나?"

"더군다나 돈도 받지 않고…."

"내가 시키는 대로 하겠다고 말하지 않았나? 싫으면 그만두게."

"아닙니다, 성님. 하겠습니다."

나는 다음 날 힘센 말 두 마리가 끄는 달구지에 큰 물통 세 개와 쌀을 비롯한 먹을거리를 싣고 약수와 함께 산으로 갔다. 산 밑에 이르자 약수는 물통에 물을 담아오는 일은 자기 혼자 하겠다고 했다. 굳이 샘물이 나오는 장소를 알 필요가 없었던 나는 넓은 바위에 앉아 약수가 물 나르는 모습을 지켜보았다.

"다 됐습니다, 성님."

약수가 마지막 물통을 싣고 나를 불렀다.

"고생 많았네."

약수는 무거운 물통을 들고 산길을 오르내리느라 힘들었는지 땀을 뻘뻘 흘리고 있었다. 나는 새끼줄로 물통이 떨어지지 않도록 단단히 동여맨 후 말을 몰고 수유현으로 갔다.

역병이 휩쓸고 간 마을의 풍경은 참혹하기 그지없었다. 나라에서 내의원 의원들을 보내고, 구휼미도 내주었다고 하지만 살아남은 사람들의 몸 상태는 썩 좋지 않았다. 끼니를 제대로 챙겨먹지 못하고 적절한 치료도 받지 못한 탓이었다. 나는 내일 올 때는 아씨에게 말해서 구호금을 모아 가져와야겠다는 생각을 했다.

우리는 집집마다 돌아다니면서 사람들에게 먹을거리와 함께 물을 나누어주며 말했다.

"원기회복에 좋은 물이니 아끼지 말고 드십시오. 내일 또 오겠습니다."

"이렇게 고마운 분들이 다 있나. 참으로 감사합니다."

사람들은 진심으로 우리에게 고마워했다. 약수는 가져간 먹을거리와 물을 나누어주고 돌아오는 길에 나에게 말했다.

"솔직히 성님이 오자고 해서 마지못해 따라왔는데 오길 잘했다는 생각이 드네요."

나는 저녁에 공부를 마치고 아씨에게 수유현에 다녀온 일을 말했
다. 내 얘기를 듣는 아씨의 표정이 어두웠다.

"마음이 아프네요. 제가 도울 일은 없을까요?"

"이건 제 생각인데 우리 조선영업인회에서 구호금을 마련해 마을
사람들에게 전달하면 어떨까 싶습니다."

"아, 그런 방법이 있었네요. 좋아요. 내가 문하생들에게 얘기해서
구호금을 모아볼게요. 내일 또 간다고 했죠?"

"네."

"언제 떠날 건지 알려주세요. 저도 함께 가겠어요."

"힘드실 텐데 저희끼리 다녀오겠습니다."

"왜 제가 방해될까 봐 그러나요?"

"아닙니다. 그럴 리가 있나요."

당황한 나는 손사래를 치며 말했다. 그제야 아씨가 웃음을 보였다.

"함께 가는 걸로 알고 준비할게요."

"알겠습니다. 떠날 준비를 마치면 알려드리겠습니다."

"그래요. 피곤할 텐데 이제 그만 돌아가 쉬세요."

"네. 아씨. 편히 주무세요."

나는 일어서서 아씨에게 인사를 하고 방을 나왔다. 마당을 가로질

러 내 방에 들어서자 약수가 묘한 표정으로 나를 바라보며 물었다.

"성님은 밤마다 아씨와 뭐 하는 거유?"

"뭐 하다니? 말이 이상하군. 아씨에게 글을 배운다고 하지 않았나."

"그거 참 알 수 없는 일일세. 야심한 밤에 아름다운 여인과 마주 앉아 있는데 공부가 되나?"

"흰소리 그만하고 잠이나 자게. 먹을거리와 물을 챙겨 수유현에 가려면 아침 일찍부터 서둘러야 하지 않나."

"어쨌든 부럽수, 성님."

약수는 입바람으로 호롱불을 끄고 이불을 뒤집어썼다.

나는 다음 날 약수와 함께 아씨를 모시고 수유현으로 갔다.

"오늘도 오시겠다더니 정말 오셨네."

마을 사람들은 친한 친구가 찾아온 듯 우리를 반갑게 맞이했다.

우리는 어제처럼 마을 사람들에게 골고루 먹을거리와 물을 나누어주었다. 일이 어느 정도 마무리되자 아씨는 문하생들에게 모은 구호금을 넣은 봉투를 나에게 주며 마을 어른에게 전하라고 했다.

나는 마을 어른을 찾아가 아씨에게 받은 봉투를 건넸다.

"이건 뭔가요?"

마을 어른이 고개를 갸웃하며 물었다.

"열어보시면 아실 겁니다."

마을 어른은 조심스럽게 봉투를 열어보았다. 순간 마을 어른이 깜짝 놀란 눈으로 나와 봉투를 번갈아 쳐다보았다. 생각지도 못했던 큰돈이 들어 있는 듯했다.

마을 사람들은 성치 않은 몸을 이끌고 동구 밖까지 나와 우리를 배웅했다. 그들과 헤어져 집으로 돌아오는 내내 아씨는 기쁜 표정을 감추지 않았다. 그 모습을 바라보는 내 마음도 흐뭇했다.

그날 이후부터는 약수 혼자 달구지에 샘물이 가득 담긴 물통을 싣고 수유현을 오갔다.

나는 약수의 입을 통해 마을 사람들이 차츰 건강을 찾아가고 있다는 이야기, 우리가 전해 준 구호금으로 논과 밭을 사들여 농사를 지을 준비를 하고 있다는 이야기를 들었다.

참으로 반가운 소식이었다. 내가 약수에게 들은 이야기를 전하자 아씨도 기쁜 듯 환하게 웃었다.

나는 붓을 든 채 다가가 곤히 잠든 약수의 얼굴을 들여다보았다.

언제부턴가 사람들을 그를 가리켜 '약수성자藥水聖者'라고 불렀다.

'약이 되는 샘물로 병든 사람들과 힘없고 가난한 백성들을 돕는 성자와 같은 사람'이라는 뜻이었다.

이 얼마나 멋진 별칭인가.

1880년(고종 17년) 1월 1일

토끼 해였던 기묘己卯년이 지나고 용의 해인 경진庚辰년이 되었다. 해가 바뀌었는데 회주님은 아직까지 돌아오지 않고 있었다. 사랑 아씨는 이 추운 날씨에 어디서, 어떻게 지내는지 모르겠다고 회주님 걱정이 태산 같았다. 나도 은근히 회주님이 걱정되었다.

약수는 피곤할 텐데 자리에 눕지 않고 뭐 하느냐며 내 일기를 기웃거리다 방금 잠이 들었다. 어린아이처럼 순진한 친구였다. 내가 약수와 함께 먹을거리와 샘물을 달구지에 싣고 수유현을 찾은 이유는 두 가지였다. 하나는 병약하고 가난한 사람들을 도우려는 것이고, 다른 하나는 샘물이 몸에 좋다는 사실을 널리 알리기 위해서였다.

내 예상대로 샘물에 대한 소문은 수유현에서부터 인근 마을로, 각 지방으로 퍼져나가기 시작했다. 입소문은 일단 한번 번지기 시작하면 퍼지는 속도가 산불이 일어나는 것처럼 빠르다는 특징이 있다.

약수의 명성이 높아질수록 그를 찾는 사람도 많아졌다. 약수는 처음 한동안은 샘물을 원하는 사람들에게 물을 가져다주었다. 그러나 샘물을 원하는 사람들이 눈덩이처럼 불어나자 약수는 도저히 감당이 안 되는지 조선영업인회 근처에 있는 허름한 집을 사서 '물방'으로 만들고 손님을 받았다.

약수가 운영하는 물방은 식전 댓바람부터 찾아오는 손님들로 북적거렸다. 새벽에 물을 길어와 손님들이 달라는 대로 물을 주고 돈을 받아 챙기는 것이 약수의 일이었다. 하지만 가난한 사람들에게는 절대로 돈을 받지 않았다. 약수는 병에 걸렸어도 돈이 없어 치료를 받지 못하는 이들에게 도움을 주고 싶다며 다시 의술 공부를 시작했다.

나는 약수에게 말했다.

"내 생각에는 집안에 위급한 일이 생겼을 때, 이를테면 한밤중에 어린아이나 나이 든 노인이 갑자기 설사를 한다든가 토한다든가 기침을 심하게 할 때 손쉽게 증상을 가라앉힐 수 방법을 책자로 만들어서 가난한 사람들에게 나눠주면 어떨까 싶네. 가능하겠는가?"

"저도 사랑 아씨와 성님이 만든 책자를 보고 비슷한 생각을 하고 있었습니다, 성님. 충분히 할 수 있습니다."

"잘됐군. 책자는 자네의 명성을 더욱더 크고 단단하게 만들어줄 걸세."

"우연찮게 좋은 물을 발견해서 그걸로 먹고사는 놈입니다. 부모님도 이제는 저를 자랑스러워하시고요. 어려운 사람들을 도울 수 있는 일이라면 뭐든 할 작정입니다."

"그 마음, 잊지 말고 변치 말게."

나는 웃으며 약수의 어깨를 토닥여주었다. 약수가 자랑스럽고 대견했다. 하지만 걱정되는 부분이 있었다. 약수는 아무에게도 샘물이 있는 곳을 알려주지 않았다. 그것만큼은 나와 사랑 아씨에게도 비밀로 했다. 약수는 새벽 일찍 일어나 혼자 달구지를 끌고 산에 가서 물을 길어왔는데 그러다 물을 탐내는 흉악한 놈들에게 좋지 않은 일을 당할 수도 있었다.

"또 하나 충고하고 싶은 것이 있네. 무예가 뛰어난 사람을 구해 자네 곁에 두는 것이 어떤가. 지금은 자네 뒤를 밟는 검계들을 요령껏 잘 따돌리고 있지만 언젠가는 덜미를 잡히고 말걸세. 놈들은 샘물이 있는 곳만 알아내면 그 자리에서 자네의 숨통을 끊어놓을 거야."

"성님도 짐작하고 계셨군요. 그렇지 않아도 여기저기 말을 넣어 알아보고 있는 중입니다."

"빨리 구했으면 좋겠군. 목숨보다 귀중한 것은 없네. 살아 있어야 돈도 벌고, 또 좋은 일도 많이 할 것 아닌가."

그 일이 있고 나서 며칠 후 약수가 한 사내를 데려왔다.

"인사드리게. 내가 말한 고수 성님이야."

"처음 뵙겠습니다. 강토지라고 합니다."

사내가 꾸벅 고개를 숙였다. 체격은 그리 크지 않았지만 단단해 보였고, 눈매가 제법 매서웠다.

"이 친구, 어렸을 때부터 알아주는 왈짜(싸움꾼. 검계와는 달리 혼자 다닌다)였는데 못 보던 사이에 싸움 솜씨가 더 늘었더군요. 어제 저녁에 주막에 볼일이 있어 들렀다가 술에 취해 행패부리는 장정 셋을 이 친구가 간단히 때려눕히는 걸 봤어요. 제가 그간의 일을 말하고 부탁했더니 흔쾌히 제 호위무사가 돼주겠다고 하네요."

"그거 잘된 일이군. 두 사람 어릴 때 동무 같은데 서로 의지도 되겠군."

"맞습니다, 성님."

약수는 토지의 어깨를 툭 치며 밝게 웃었다. 토지도 약수의 행동을 따라하며 씨익 웃었다. 매서워 보이는 눈매와는 달리 웃는 얼굴이 어린아이처럼 선했다.

그날 밤 나는 사랑 아씨에게 수일 내로 동래에 다녀오겠다고 말했다.

"더 추워지기 전에 부모님을 뵙고 와야겠어요."

"그래요. 많이 보고 싶겠네요. 여기 온 지도 꽤 됐지요?"

"6월에 왔으니 벌써 5개월이나 흘렀네요."

사랑 아씨는 한동안 말없이 고개를 끄덕였다. 그러다 갑자기 나를 쳐다보며 물었다.

"…나도 같이 가면 안 될까요?"

"네?"

나는 깜짝 놀라 되물었다. 가슴이 화가 난 듯 정신없이 뛰기 시작했다.

'설마 농담으로 하신 말씀은 아닐 테고, 무슨 뜻일까? 회주님께서 묵으셨던 동래 주막에 가보고 싶으신 걸까?'

"아침저녁으로 바람이 차갑습니다. 파전이 드시고 싶으시면 봄에 모시고 가겠습니다."

"내가 가고 싶은 곳은 그쪽 집이고, 만나고 싶은 분은 그쪽 부모님이에요."

사랑 아씨는 단호하게 말했다.

"…그 이유를 물어봐도 되겠습니까?"

"나는 그쪽 마음이 제 마음과 같다고 느꼈어요. 아니던가요?"

그 말은 곧 사랑 아씨 가슴에도 내가 있다는 뜻이었다.

"저처럼 천한 것에게 마음을 주시다니요."

"신분 따위는 중요하지 않아요. 나에게 중요한 것은 바로 고수라는 사람이에요."

세상에 이런 일이!

나는 비실비실 새어나오는 웃음을 막을 수 없었다. 막고 싶지도 않았다.

다음 날 나는 아침 일찍 마장으로 달려가 마차를 만들었다. 조금이라도 편하게 아씨를 모시고 싶어서였다. 그리고 이튿날 오후에 아씨를 마차에 태우고 동래로 향했다.

아씨와 함께하는 나들이는 참으로 즐거웠다. 우리는 그동안 하지 못했던 이야기를 나누었고, 서로를 더 깊이 이해하게 되었다.

문경에서 하룻밤 묵고 부지런히 길을 재촉해 저녁 무렵 동래에 도착한 우리는 곧바로 부모님을 찾아뵈었다. 내가 아씨를 모시고 나타나자 부모님은 죽은 자식이 살아 돌아오기라도 한 것처럼 기뻐하셨다.

"저녁은 먹고 왔으니 차리지 마세요."

나는 마차에 싣고 온 선물과 돈을 부모님에게 건네며 그간의 일을 간략하게 정리해서 들려주었다.

그러나 부모님은 내가 어떻게 성공했는가 하는 것보다는 아씨에게 더 관심이 많은 듯했다. 내 말은 귓등으로 흘려듣고 아씨에게만 이것저것 캐물었다. 어머님은 어느 댁 규수인지, 나와 언제, 어디서, 어떻게, 무슨 일로 만났는지, 둘이 어떤 사이인지, 앞으로 어쩔 작정인지 등등의 질문을 쉴 새 없이 던졌고, 아씨는 부드러운 목소리로 차분하게 대답했다. 그대로 내버려두었다간 밤새 묻고, 밤새 대답할 태세였다.

"이제 그만들 하시고 내일 얘기하세요. 아씨 피곤해요. 아버님, 일 어서시죠."

나는 아씨와 더 있고 싶은지 엉거주춤 일어서는 아버님을 부축해

158

서 건넌방으로 갔다.

오랜만에 아버님과 함께 잠을 자고 일어난 나는 점심 무렵에 아씨를 모시고 장터에 있는 대박 주모의 주막으로 갔다. 주막의 규모는 그새 더 커져 있었다. 나는 대박 주모를 불러 예전에 빌린 돈을 갚고 아씨가 누구인지 알려주었다. 주모는 아씨가 회주님 딸이라는 말을 듣자 반색을 하며 절을 하듯 허리를 숙였다.

"반갑습니다요, 아씨. 회주님은 무고하시지요?"

"석 달 전에 남상 대방 어르신을 만난다고 길을 떠나셨는데 혹시 이곳에 들르지 않으셨나요?"

"당연히 들르셨지요. 호호호. 회주님은 들를 때마다 도움이 되는 말씀을 듬뿍 해주고 가서서 저는 늘 고맙게 생각하고 있어요. 호호호. 이번에도 너무 좋은 것을 알려주셨어요. 호호호. 저에게 이렇게 말씀하시더군요."

심오한 : 손님마다 식성이 다르다는 사실을 명심하고 각각의 손님들이 가장 맛있어 하는 파전의 크기가 얼마인지, 또 어떤 해물을 좋아하는지 등등을 파악해서 머릿속에 꾹 담아두거나 종이에 적어

두시오. 그리고 손님이 찾아왔을 때 그 사람이 가장 맛있게 먹었던 파전을 만들어 내놓으시오. 즉 손님의 입맛에 맞는 '맞춤파전'을 만들라는 뜻이오.

이를 일컬어 소비수消費手(소비하게 만드는 방법. 요즘 말로 하면 서비스)라고 하는데, 한 번 온 손님을 다시 오게 만드는 비법 중의 비법이라고 할 수 있소. 손님에게 정성을 다하는 주모는 조선 팔도에 널리고 널렸소. 주모만이 정성을 다하는 것은 아니란 말이오. 따라서 주모만의 특별한 방법으로 다른 주막에서는 받지 못한 대접을 해야 하오. 그럼 손님들은 분명 크게 기뻐할 것이오. 손님을 기쁘게 하는 것이야말로 진정한 소비수라고 할 수 있지.

또 하나, 이레(7일) 중 하루는 '자작파전'의 날로 정하고 손님들이 직접 파전을 만들어 먹을 수 있도록 해보시오. 그리고 손님들의 반응이 좋으면 '맛있는 파전 만들기' 대회를 열도록 하시오. 가게의 이름을 널리 알리는 데 큰 도움이 될 것이오.

"회주님 말씀대로 했더니 손님들이 참으로 좋아하시더군요. 호호호."

주모의 입가에는 웃음이 딱 붙어 있었다.

"그새 주막이 더 커진 이유가 있었군."

나는 주막을 둘러보며 말했다.

"다 회주님 덕분이지 뭐. 참, 내 정신 좀 보게. 아씨, 여기서 이렇게 아니라 어서 방으로 드시지요. 날이 춥습니다. 뜨끈한 방 안에서 제가 내오는 음식 마음껏 드세요. 돈 낼 생각은 아예 마시구요."

주모는 우리를 방으로 안내하고 두레상(여럿이 둘러앉아 먹을 수 있게 만든 큰 상)에 고기와 생선, 파전 등의 음식을 가득 차려서 들여보냈다. 여러 가지 음식을 조금씩 맛본 아씨는 그중에서 파전이 가장 맛있고, 모양도 특이하다고 말했다.

"앞으로 동래라는 말만 들으면 파전이 떠오를 것 같네요."

우리는 주막을 나와 부산 바다를 구경하고 부모님 댁으로 갔다. 아니나 다를까. 부모님 역시 한 상 가득 음식을 차려놓고 우리를 기다리고 계셨다. 오늘처럼 먹다가는 금세 배가 터져 죽을 것 같았다. 밥상을 물리고 밤새 이런저런 이야기를 주고받은 우리는 날이 밝아올 때쯤 잠자리에 들었다. 눈을 떠보니 해가 중천에 떠 있었다.

아씨와 나는 서둘러 떠날 채비를 갖추고 마차에 올랐다. 부모님과 헤어지는 것이 섭섭했지만 어쩔 수 없는 일이었다. 회주님도 안 계시는 마당에 사랑 아씨마저 오래 조선영업인회를 비울 수는 없었다.

이틀 후 한양에 올라온 나는 마차를 마장에 두고 아씨와 함께 조선 영업인회로 갔다. 우리가 문을 열고 들어서자 문하생들이 우르르 몰려나와 반갑게 맞이했다. 물방에서 물을 팔던 약수도 소식을 듣고 달려왔다. 약수 옆에는 토지가 그림자처럼 서 있었다.

"이레 만에 뵙네요. 두 분 다 안색이 좋아 보이십니다."

"자네도 신수가 훤하군. 요즘엔 검계들이 뒤를 밟지 않나?"

"토지가 제 옆에 딱 붙어 있는데 감히 어딜요. 검계 놈들 모두 토지한테 비 오는 날 먼지가 풀풀 날 정도로 얻어터진 후로는 코빼기도 안 보입니다."

"그래도 마음을 놓아선 안 돼. 순순히 물러날 놈들이 아니야."

"예, 성님. 조심 또 조심하겠습니다."

"이제 그만 가보게. 두 사람 다 물방을 비어놓고 오지 않았나."

"그렇지 않아도 갈 생각이었습니다. 두 분도 저희와 같이 가시죠. 긴히 드릴 말씀이 있습니다."

"알았네."

우리는 모여 있는 문하생들에게 다녀오겠다고 말하고 물방으로 갔다. 추운 날씨인데도 불구하고 여전히 사람들이 대문 앞까지 줄을 서 있었다. 나와 아씨는 약수를 따라 안으로 들어갔다. 처음 보는 사람 두 명이 사람들에게 물을 팔고 있는 모습이 보였다.

"보시다시피 일하는 사람을 두어서 저희가 없어도 괜찮습니다. 뒤채에 방을 하나 만들었는데 그곳으로 가시지요."

우리는 약수가 안내한 방으로 들어가 각자 자리를 잡고 앉았다.

"고수 성님은 저번에 봤지만 아씨께서는 처음 뵙지요? 토지야, 인사드려. 회주님 따님이셔."

"말씀 많이 들었습니다. 강토지입니다."

"저도 들어서 알고 있어요. 싸움을 아주 잘한다면서요?"

"아주 잘하는 건 아니고 맞지 않을 정도는 합니다."

토지가 쑥스럽다는 듯 뒤통수를 긁적거렸다.

"제가 오늘 두 분을 모신 건 토지 때문이에요. 토지도 조선영업인회에 들어오고 싶답니다. 그 이유는 직접 말할 거예요. 토지야."

토지는 잠시 눈을 감고 무엇인가를 생각하더니 무겁게 입을 열었다.

"제 아버님은 풍수지리사셨어요. 역시 같은 일을 하시던 할아버지를 어렸을 때부터 따라다니면서 보고 배워 어느 땅이 좋고 나쁜지 알아볼 수 있는 눈을 갖게 되었다고 하시더군요. 할아버지가 돌아가신 후에도 아버님을 찾아오는 사람들이 많았던 것으로 봐서 집터나 묏

자리 고르는 능력이 탁월하셨던 것 같아요. 돈도 많이 벌어 집안이 풍족했지요.

하지만 아버님은 저를 데리고 다니지도 않으셨고, 뭘 알려주려고 하지도 않으셨어요. 돈은 얼마든지 대줄 테니 과거공부 열심히 해서 벼슬길로 나아가라고 하시더군요. 차라리 무과시험을 보라고 하셨다면 어떻게든 해봤을 거예요. 책만 들여다보고 있으면 졸음이 쏟아지는데 무슨 공부를 하겠어요.

어쨌든 그것 때문에 약수와 친해지게 되었지요. 저와 약수는 공부는 안 하고 졸기만 한다고 훈장님에게 매일 혼이 났거든요. 그때 저는 약수가 몸이 약하다는 것을 알고 있었어요. 그래서 아이들이 약수를 만만하게 보고 괴롭히면 제가 나서서 막아주곤 했지요. 싸움이라면 자신 있었거든요."

"토지보다 키가 크고 힘이 센 아이들도 토지를 무서워했어요."

약수가 슬쩍 말을 보탰다. 토지는 그런 약수를 보고 씨익 웃더니 얘기를 계속했다.

"열다섯 되던 해 약수가 먼저 서당을 그만두었지요. 저에게 약방에 들어가 의술을 공부하게 되었다고 하더군요. 약수가 떠나고 나서 저도 곧 고향을 떠났어요. 아버님이 공부하기 싫으면 집을 나가라고 하셔서 아버님 말씀을 따랐지요. 그 후 제가 어떻게 살았는지는 충분히 짐작하실 수 있을 거예요. 먹고살기 참 힘들더군요. 도둑질, 강도질 빼고는 다 해봤어요. 싸움도 숱하게 하고 다녔지요. 그 무렵 목수일을 하는 대패 성님을 만나지 않았더라면 저는 평생 왈짜로 살았을 거예요. 저는 마음씨 좋은 대패 성님을 따라다니며 집 짓는 일을 배웠지요. 성님의 집 짓는 솜씨는 아마 조선 팔도에서 최고일 거예요."

토지는 잠시 말을 끊고 길게 한숨을 내쉬었다.

"그러던 어느 날 고향 마을을 근처를 지나다 아버님이 몸져누우셨다는 소식을 들었어요. 그 길로 달려가 아버님을 뵈었지요. 아버님은 저를 알아보고는 가까이 오라고 하시더군요."

토지는 몸을 돌리더니 옷 속에서 무엇인가를 꺼내 내밀었다.

"그때 아버님이 제게 주신 토지문서입니다. 아버님은 전 재산을 털어 평창동 일대에 10결結(약 3만 평)의 땅을 사두었다고 하셨어요. '정승 판서를 지냈던 뛰어난 학자들이 평창동에 학당을 세우고 후학들을 가르칠 예정이다. 학당에만 들어가면 과거에 급제하는 것은 일도 아니다. 자식이 출세하기를 바라는 양반들은 너도나도 평창동에 살려고 할 것이다. 그럼 당연히 땅값이 치솟지 않겠느냐.' 는 사기꾼의 말에 속으신 거지요. 꼼꼼하신 아버님이 깜빡 넘어간 걸 보면 풍수지리상으로도 아주 좋은 땅이었나 봐요. 또 제가 뒤늦게라도 정신을 차리고 학당에 들어가기만 하면 벼슬길에 오를 수 있을 거라는 계산도 하셨겠지요. 결국 저 때문에…."

토지는 더 이상 말을 잇지 못했다. 그러자 약수가 나서서 말했다.

"사기꾼의 말은 곧 거짓으로 드러났고, 토지 아버님은 화병으로 누워계십니다. 토지는 아버님이 그렇게 된 것이 모두 자기 탓이라고 생각하고 있어요."

"아버님이 오랫동안 누워 계시자 저희 집을 담보로 잡고 돈을 빌려주었다는 사람이 나타났지요. 그 사람은 아버님의 얼굴에 짙은 병색이 드리워져 있는 것을 보고 한 달 말미를 줄 테니 그 안에 돈을 갚지 않으면 집을 팔아버리겠다고 엄포를 놓더군요. 아버님 어머님이 저를 낳고, 기른 소중한 집을 빼앗길 수는 없었지요. 하지만 어디서 돈을 구해야 할지 모르겠더군요. 그때 마침 약수를 만났고, 약수가 대신 돈을 갚아주어서 부모님은 계속 집에서 살 수 있게 되었지요. 약수에게는 너무 고맙고, 미안합니다."

"이 사람, 쓸데없는 소린 관두고 본론이나 말하게."

약수가 끼어들어 채근을 했다.

"약수도 두 분에게 도움을 많이 받았다고 들었습니다. 저 또한 받아주시고, 도움을 주실 수는 없겠습니까?"

나는 사랑 아씨의 얼굴을 쳐다보았다. 아씨가 고개를 끄덕거렸다.

"알겠네. 우리가 어떻게 도와주면 되겠나?"

"아버님 가슴에 맺힌 한이 풀릴 수 있도록 평창동 땅을 옥토로 만들고 싶습니다."

"옥토라…. 구체적인 계획을 듣고 싶군. 설마 그곳에 학당을 세우겠다는 것은 아닐 테지."

"학식 높은 양반들이 누군지도 모르는 제가 어찌 그 같은 일을 꾸미겠습니까. 안다고 해도 제가 찾아가면 그분들이 만나주기나 하겠습니까. 저는 평창동 아버님 땅에 임금님도 탐을 낼 만큼 근사한 집을 여러 채 지어서 돈 많은 상인들에게 팔 작정입니다. 고관대작들의 집보다 멋지게 지으면 당연히 큰돈을 내서라도 살 것이고, 돈 많은 상인들이 모여들면 평창동에 살아야 진짜 부자라는 소문이 퍼질 것이고, 집값은 계속 올라갈 겁니다."

"그럴듯한 계획이군. 한데 무슨 돈으로 그 땅에 집을 짓겠다는 건가?"

"아씨와 성님께서 돈을 빌려주신다면 후일에 몇 배로 갚겠습니다."

"미안하지만 그럴 수는 없네. 자네, 조선영업인회에 들어오려는 목적이 뭔가? 돈을 빌리려는 것인가?"

"그, 그건 아닙니다."

토지는 당황했는지 말을 더듬거렸다.

"잘 듣게. 조선영업인회는 돈을 버는 방법을 알려주는 곳이지 돈을 빌려주는 곳이 아닐세. 이제 그만 일어서시죠, 아씨."

나는 망설이지 않고 몸을 일으켰다.

"제가 경솔했습니다, 성님."

토지가 벌떡 일어서서 방을 나가려는 내 팔을 붙잡았다.

"다급한 마음에 앞서 나갔습니다. 다시는 이런 일 없도록 조심하겠습니다."

나는 다시 아씨 옆에 앉았다. 아씨가 가볍게 내 어깨를 토닥거렸다.

"회주님 따님인 사랑 아씨도, 나도, 약수도 한 단계, 한 단계 밟아서 여기까지 왔네. 과정을 무시해선 안 되네. 모래 위에 지은 집은 금방 무너진다는 사실, 자네도 잘 알고 있지 않은가."

"네, 성님. 잘 알고 있습니다."

"부자들의 특징은 돈이 안 된다고 판단되면 절대 주머니를 열지 않지만 돈이 된다고 판단되면 과감하게 주머니를 연다는 거야. 물론 자네는 믿는 바가 있을 걸세. 땅에 대한 아버님의 안목을 믿을 테고, 대패 성님의 집 짓는 솜씨를 믿겠지. 하지만 그것은 냉정하게 말해서 자네 생각일 뿐이야. 돈을 빌리려면 먼저 상대에게 믿음을 주어야 하네. 자네를 믿게 해야 투자를 받을 수 있다는 뜻일세. 그렇다고 나와 아씨가 자네를 못 믿는다는 것은 아니니까 오해하지는 말게."

"그럼 제가 투자자들에게 믿음을 얻기 위해서는 어떻게 해야 할까요?"

"그전에 하나 물어보겠네. 자네 대패 성님을 따라다니며 집을 많이 지었다고 했지?"

"네. 그렇습니다."

"상점도 지어봤나?"

"물론이죠. 기방이나 약방을 비롯해 저잣거리에 있는 상점이란 상점은 다 지어봤습니다."

"그러면서 알게 된 것 없나?"

"어느 위치에 어느 상점이 들어서면 장사가 잘된다는 것을 알게 되었지요. 집도 마찬가지고요. 어디에 어떻게 지어야 비싼 값에 팔린다는 것도⋯."

토지는 말을 하다 말고 무언가 생각났다는 듯 나를 쳐다보았다. 나는 고개를 끄덕이며 말했다.

"투자자들에게 자네가 '능력 있는 토지 전문가'라는 인식을 심어 주게. 그러면 돈을 빌리기가 수월할 걸세."

"저도 여기 계신 분들처럼 책자를 만들까요? 제가 만든 '토지투자 비법'을 보면 저를 믿지 않을까요?"

"그보다는 '토지투자서당'을 열어서 자네의 능력을 보여주는 것은 어떨까 싶네. 서당을 여는 데 들어가는 돈은 내가 빌려줌세. 원한다면 땅에 관심 있어 하는 사람들을 자네에게 소개시켜 줄 수도 있어."

"나도 그 부분은 도와줄 수 있을 것 같네요."

사랑 아씨가 웃으며 말했다.

"나도, 나도 도울 수 있어."

약수가 질세라 큰소리로 말했다.

"감사합니다, 성님. 감사합니다, 아씨. 고맙다, 약수야."

"아직 고마워하기엔 일러. 이제부터 시작이네. 자네가 가르치는 내용이 시원찮으면 투자자들은 차갑게 등을 돌릴 걸세. 그럼 자네는 한 푼도 빌릴 수가 없네."

"성님 말씀 가슴 깊이 새기고 그런 일 없도록 노력하겠습니다."

"그래. 자넨 잘할 수 있을 거야. 이젠 정말 일어서시죠, 아씨."

"그래요."

나는 아씨와 함께 일어서서 방문을 열고 밖으로 나왔다.

"잠깐만요, 성님."

약수가 뒤따라 나와 우리를 불러 세웠다.

"왜 더 할 말이 있나."

"이거 전에 성님이 말했던 책자입니다."

약수는 아씨와 나에게 책자를 한 권씩 건넸다. 책 겉장에 '집에서 누구나 손쉽게 할 수 있는 응급처치'라는 글씨가 적혀 있었다.

"가난한 서민들에게 나눠줄 책이라 언문으로 적었습니다."

나는 책장을 넘기고 내용을 읽어보았다.

"어린아이가 고뿔(감기)에 걸렸을 때는 먼저 옷을 벗기고 미지근한 물을 적신 천으로 몸을 닦아 열을 내려야 한다. 그런 다음 물을 먹여 땀으로 빠져나간 몸속의 물을 채워주어야 한다. 어른들은 파의 밑동을 달여 먹는다. 이 부분을 총백蔥白이라 하는데 성질은 따뜻하고, 맛은 매워 몸 안에 들어가면 밖으로는 차가운 기운을 몰아내고, 안으로는 따뜻한 기운을 통하게 해준다. 요즘 같은 겨울철에 음식에 파를 많이 넣어 먹으면 몸을 따뜻하게 보존할 수 있다.

체했을 때는 먼저 무엇을 먹었는지 알아야 한다. 밥이나 떡, 국수를 먹고 체했으면 엿기름을 끓여 먹고, 생선을 먹고 체했으면 차조기 잎을 끓여 먹는다.

설사가 심하게 나올 때는 송화(소나무 꽃가루)를 미음에 타 먹는다. 어지럼증이 있을 때는 송화로 술을 담가 마시면 물리칠 수 있다. 송엽松葉(솔잎)은 다리가 붓고 간간이 없어지며 온몸에 힘이 없거나 소화가 잘 되지 않을 때 먹으면 좋다.

동상에 걸렸을 때는 따뜻한 물에 담그는 것이 좋다. 그런 다음 빨간 고추를 진하게 달인 물이나 말린 가지껍질을 달인 물을 천에 적셔서 동상이 걸린 부위에 바르면 가려움증이나 통증이 사라진다."

"성님, 여기 서서 다 읽으실 작정입니까?"

약수는 부끄러운 듯 얼굴을 붉히며 물었다.

"의술 공부를 열심히 하더니 자네 이제 의원이 다 됐군."

"의원이라니요. 아직 멀었습니다. 더 배우고 익혀서 부족한 부분을 하나하나 매워나갈 생각입니다."

"토지 많이 도와주게. 자네가 선배 아닌가."

"그럼요. 성님에게 배운 그대로 가르치겠습니다."

약수는 말을 마치고 이를 악물었다.

"이 사람, 내가 뭘 어쨌다고…."

당황한 나는 사랑 아씨를 쳐다보았다. 아씨는 사랑이 듬뿍 담긴 눈으로 나를 바라보며 웃고 있었다.

올해 꼭 이루고 싶은 소망 하나는 아씨를 온전히 내 사람으로 만드는 것이다. 하여 내일부터는 본격적으로 작업에 들어가 볼까 한다.

심길후식 영업 개척비법 강의 6

나는 세일즈 멘토 심길후다

소설의 주인공인 고수와 사랑 아씨, 그리고 약수는 별명을 갖고 있습니다. 고수는 월천마황이고, 사랑 아씨는 미화성녀, 약수는 약수성자이지요. 토지 또한 훗날 옥토대군이라는 별명을 얻게 됩니다. 그러고 보니 별명에 태양계 행성의 이름이 들어가 있네요. 물론 이미 눈치채셨을 줄 압니다만.

이처럼 고객이 생각하는 나, 즉 '고객이 나를 어떤 사람이라고 생각하느냐' 하는 것이 바로 포지셔닝입니다. 내가 고객들에게 어떤 존재로 포지셔닝되어 있느냐에 따라서 고객에게 미치는 나의 영향

력이 달라집니다.

나는 누구인가? 어떻게 인식되어야 하는가?

잠재고객들이 나를 떠올릴 때 무엇으로 떠올려야 하겠는가?

예) 나는 세일즈 멘토 심길후다

　　나는 비지니스 매너왕 홍길동이다

　　나는 길양이 수호천사 신봉수다

나는 ＿＿＿＿＿＿＿＿ ○○○ 이다

　　일전에 '심길후와의 점심식사' 를 신청하신 분을 만나 영업 컨설팅을 해준 일이 있습니다. 프리랜서 웹 디자이너이셨던 그분은 고양이 용품 쇼핑몰 사장님으로부터 자신의 쇼핑몰을 인수해서 해보면 어떻겠느냐는 제안을 받았다고 하시면서 저에게 어떻게 사업을 진행해야 좋겠느냐고 물으시더군요.

　　식사를 하면서 천천히 그분과 이야기를 나눈 저는 몇 가지 사실을 알게 되었습니다. 고양이를 워낙 좋아해서 직접 기르고 있고, 떠돌이 생활을 하는 길거리의 고양이들을 보살피고 있다는 것 등을요.

그분은 길거리의 고양이가 배고프지 않게 매일매일 사료를 길거리에 놓아둔다고 하시더군요. 정말이지 고양이를 끔찍하게 사랑하시는 분이었습니다. 쇼핑몰을 인수하라고 제안했던 사장님도 알고 보니 자신이 고양이 용품을 구매하던 사이트의 사장님이었다고 했습니다.

그분과 충분히 이야기를 나눈 저는 프로세스에 대해 차근차근 설명해 드리고 나서 그분과 함께 개인 브랜드를 무엇으로 할지에 대해서 의견을 나누었지요.

뭐가 좋을까, 한창 고민하던 중에 아이디어 하나가 번개처럼 번뜩 떠올랐습니다. 저는 그분에게 물었습니다.

"고양이를 기르는 사람들 중에서 길거리의 고양이를 보살피는 분들이 몇 분 계시다고 하셨지요?"

그분이 그렇다고 하면서 고개를 끄덕이시더군요.

"브랜드 네임을 길양이 수호천사라고 하시면 어떨까요? 그런 다음 길양이 수호대를 조직해서 한 달에 두 번 정도 캠페인을 벌이는 겁니다. 길양이 수호대에 가입해서 캠페인에 참여하는 쇼핑몰 회원들에게는 고양이 사료와 모래를 무료로 나눠주고, 서울 곳곳을 함께 돌아다니면서 길거리 고양이를 보살피는 일을 하는 것이죠. 그리고 이 사실을 보도자료로 만들어 언론에 보내는 겁니다."

그분은 좋은 생각이라며 만족한 얼굴로 돌아가셨습니다.

그 후 그분은 제가 말씀드린 대로 했고, 길양이 수호대의 활동은 언론에 기사화되기도 했습니다. 이 정도면 제품을 올려놓고 판매되기만을 기다리는 일반적인 쇼핑몰과는 확실히 다르지 않나요? 당연히 그분의 쇼핑몰은 지금 동종업계에서 선두를 달리고 있습니다.

이분처럼 그냥 전문가가 아니라 고객들에게 멘토로서 무언가를 배우고, 따를 만한 가치가 있는 전문가라는 인식을 심어주는 것, 이것이 바로 멘토 포지셔닝입니다

어떤 사람으로 알려지고 싶은지 정했다면 대외적인 활동을 통해 그 이름에 걸맞은 사람이라는 인정을 받아야 하는데, 이 모든 것은 이미 수립해 놓은 전략을 기반으로 체계적으로 진행해야 합니다. 그렇지 않으면 일은 일대로 하고 시간은 시간대로 투자했는데 나에 대해 아는 사람은 크게 늘지 않는 난감한 상황에 처할 수 있습니다.

내가 멘토라는 것을 널리 알려라. 그리고 사회로부터 인정받아라

제품에 대한 전문 지식은 물론 해당 고객군에도 빠삭해야 한다

⬇

비슷해도 잘 팔려야 좋은 상품인 것처럼

전문가로서 잘 알려져야 진정한 전문가다

⬇　　⬇　　⬇

카페	블로그	온라인채널	정보집	기사노출
방송	업계지	칼럼기고	지식in	출판
강연	스터디	관련봉사활동	오픈백과	노하우
명함	.COM	UCC광고기획	소식지	가치나눔
이슈	캠페인	사회적여론형성	SNS	트위터

고객에게 알고 지낼 가치가 있는 사람이라는 인식을 심어줘야 한다

　고객들로부터 내가 알고 지낼 가치가 있는 사람이라는 인정을 받기 위해서는 각종 매체를 적극적으로 활용하는 것이 좋습니다. 인터넷 블로그나 카페, SNS 활동을 하는 것은 기본입니다. 요즘에는 트위터 활동도 많이 하지요. 또 정보집과 정보영상 제작, 관련 봉사활동 등도 시간을 들여서 꾸준히 해나가야 합니다.

이 외에 효율적인 활동으로는 칼럼을 기고하는 것, 외부 출강을 다니는 것, 언론에 노출될 수 있는 기획을 하는 것, 캠페인을 벌여 차별화를 꾀하는 것, UCC를 통해 빠르고 쉽게 다가가는 것 등이 있습니다.

이러한 활동을 통해 수집된 DB는 체계적으로 정리해 놓고, 오프라인 소식지, 온라인 웹진 등을 보내면 보다 지속적으로 친밀한 관계를 형성할 수 있습니다.

조선의

영업 4대 천황

고종 황제를 만나다

짐이 바라는 것은 너희들의 돈이 아니다. 짐은 곧 궁이나 다른 곳에 교육기관을 만들고 영특한 인재를 모아 상업공부를 시킬 예정이다. 그때 너희들이 와서 그들을 가르쳐주었으면 한다. 그들이 다른 나라 에 가서 큰돈을 벌어온다면 조선의 살림도 퍼지 않겠느냐.

측근에게 들어 알고 있다. 조선영업인회가 어떻게 생겼는지, 회주의 아버지가 어떤 기관을 만들려고 했는지, 너희가 어떤 방법으로 돈을 벌었는지. 약속하마. 너희가 짐을 도와주면 짐도 너희를 도와 줄 것이다.

1880년(고종 17년) 4월 7일

내일이 부처님 오신 날이다. 이 땅에 사는 백성들 모두가 부처님의 가호를 입어 행복해졌으면 좋겠다. 나처럼. 요즘 나는 매일매일 유람을 떠나는 것처럼 즐겁고 행복한 시간을 보내고 있다.

약수가 만든 책자의 인기는 엄청났다. 책방 필사장이(글이나 책을 베껴 쓰는 일을 하는 사람)들이 하루 종일 베껴 써도 찾는 사람들이 많아 늘 모자랐다. 책자 만드는 데 들어가는 비용이 만만치 않았지만 약수는 개의치 않았다.

나는 이제 때가 된 것 같다는 생각이 들어 아씨를 찾아가 땅문서를 약수에게 내주는 것이 어떻겠느냐고 물었다. 아씨는 말없이 웃으며 고개를 끄덕였다. 나는 즉시 약수를 아씨 방으로 불러 앉혀놓고 땅문서를 내밀었다.

"이게 뭡니까?"

약수는 땅문서를 집어 들고 읽어 내려가다 놀란 눈으로 아씨와 나를 번갈아 쳐다보았다.

"두 분이 어떻게…."

"잘 간지하게. 아씨와 내기 자네에게 주는 선물일세."

"땅문서는 생각지도 못했었네요. 그래서 여태껏 시끄럽지가 않았던 거로군요. 감사합니다, 아씨. 고맙습니다, 성님. 땅값을 알려주시면 당장 내드리겠습니다."

"나중에 필요하면 말할 테니 그때 이자 후하게 쳐서 내놓게."

"알겠습니다, 성님. 필요할 때 말씀만 하십시오."

"그건 그렇고 토지 일은 어떻게 되어가나?"

"투자하겠다는 사람이 너무 많아 고르고 있는 중이라고 합니다."

"평창동에 근사한 집들이 들어설 날도 머지않았군. 토지에게 내가 살 집은 하나 남겨놓으라고 이르게."

"경치 좋고 볕 잘 드는 명당 자리에 두 분이 함께 살 집을 마련해놓을 테니 걱정 붙들어 매십시오."

"허, 사람 참⋯."

"아씨는 괜찮고만 성님 얼굴은 왜 갑자기 빨개지는 거유?"

"농 그만 치고 어서 가보게. 할 일이 많지 않나."

나는 약수를 내보내고 아씨를 쳐다보았다. 약수의 말과는 달리 아씨의 얼굴도 노을처럼 빨갰다.

2월 중순에 토지는 약수에게 빌린 돈으로 물방 옆집을 사서 '토지투자서당'을 열었다. 약수는 서당 다닐 때 하라는 공부는 안 하고 싸움질만 했던 녀석이 어쩌다 훈장 노릇을 하게 되었는지 모르겠다며 킬킬댔다.

"그러다 맞는다."

토지도 남을 가르치는 것이 쑥스러운지 계속 헛기침을 했다. 하지만 사람들이 모이자 어깨를 쭉 펴고 당당한 자세로 어떻게 해야 좋은 토지를 고를 수 있는지에 대해서 말하기 시작했다.

"땅을 사는 것은 사실 집이나 상점을 사는 것보다 어렵습니다. 따져봐야 할 부분이 더 많기 때문이지요. 또한 집과 상점은 보기만 해도 어느 정도 판단이 서는 반면에 땅은 아무리 봐도 잘 판단이 서지 않기 때문이지요. 그럼 어떻게 해야 좋은 토지를 고를 수 있을까요?

가장 먼저 살펴봐야 할 것은 토질, 즉 흙의 성질입니다. 바위가 많으면 집을 짓는데 돈이 많이 들고, 모래가 많은 땅에 집을 지으면 집이 기울거나 물이 스며들 수 있거든요. 토지의 기울기도 중요합니다. 약간 기울어진 땅이 그렇지 않은 땅보다 전망이 좋고 햇빛도 많이 받을 수 있거든요."

처음에는 시큰둥했던 사람들의 표정은 토지가 말을 마칠 때쯤에는 완전히 달라져 있었다. 솔직히 약간 불안한 마음이 없지 않았는데 토지는 그것마저 말끔히 씻어주었다.

입소문은 역시 무서웠다. 첫날은 아씨와 나, 그리고 약수의 권유로 온 사람들이 전부였지만 다음 날부터는 낯선 얼굴들도 많이 보였다. 토지가 가르치는 내용은 '토지투자 성공비법'에서부터 '땅의 가치를 높이는 방법', '토지가격 정확히 알아내기', '상점에 투자하기 전에 알아봐야 할 것들', '돈 되는 상점 한눈에 알아보는 방법'까지 다양했다.

토지의 가르침을 받은 사람들이 하나 둘 상점이나 토지를 사들여 돈을 벌기 시작하자 토지의 명성은 장안에 빠르게 퍼져나갔다. 그리고 이제는 돈 많은 상인들은 물론 지체 높은 양반들도 은밀히 토지를 자신의 집으로 불러 가르침을 받았다.

토지에게 가르침을 받은 사람들이 땅에 투자해 큰 이문을 남기자 토지 전문가로서의 그의 위치는 단단해졌고, 평창동 땅값도 하루가 다르게 뛰어올랐다.

토지에게 그 소식을 듣고 아버님의 입가에 웃음이 맺혔다고 한다. 토지 아버님은 머지않아 화병을 홀홀 털어버리고 일어설 것이다. 토지가 그렇게 만들 것이다.

3월 말에 투자자들을 거의 다 모은 토지는 곧바로 대패 성님을 물방으로 모셔왔다. 두 사람은 매일 평창동에 나가 어디에 어떤 집을 어떻게 지을지 의견을 주고받으며 설계도를 그려 나갔다. 그들의 이야기를 듣고 있으면 눈앞에 근사한 집이 하나 두둥실 떠올랐다. 그것은 바로 아씨와 내가 살 집이었다.

1880년(고종 17년) 5월 11일

내가 처음 일기를 쓴 날이 1년 전 오늘이었다. 당연히 내 생일이고, 조선영업인회에 들어온 지 1년째 되는 날이기도 하다. 그동안 하루를 한 달처럼 살았다는 느낌이 든다.

회주님은 부처님 오신 날 집에 오셔서 문하생들을 모두 모아놓고 사랑 아씨에게 회주 자리를 물려주겠다고 말씀하셨다. 회주님의 결정에 반대하는 문하생은 아무도 없었다.

그날 저녁 회주님은 아씨와 나를 자신의 방으로 불러 물었다.

"두 사람 언제 혼인할 생각이냐?"

그것은 곧 나와 아씨의 혼인을 허락한다는 뜻이었다.

"올해 안으로 혼례를 올리고 싶습니다."

나는 기다렸다는 듯 말했다. 사랑 아씨는 얼굴을 붉힌 채 아무 말도 하지 않았다.

"날은 내가 받으마. 앞으로 두 사람이 힘을 합쳐 조선영업인회를 잘 이끌어주기 바란다. 고수, 특히 네가 아씨를 많이 도와줘야 한다. 네 역할이 크다는 것, 잘 알고 있겠지?"

"네. 잘 알고 있습니다. 회주님의 명성에 누가 되지 않도록 열심히 하겠습니다."

나는 자신 있게 대답했다.

"그놈 참 대답 한번 시원스럽게 하는구나."

회주님은 호탕하게 웃으시며 나와 사랑 아씨를 번갈아 쳐다보았다.

"들어서 알고 있겠지만 사랑 아버님과 나는 둘도 없는 친구 사이였다. 우리에게는 꿈이 있었지. 그것은 장리長利(돈이나 곡식을 꾸어주고 한 해 이자로 빌려준 곡식의 절반 이상을 받음)에 허덕이는 농민과 상인들에게 약간의 이자를 받고 돈을 빌려주는 기관을 만드는 것이었어. 하지만 장리로 재미를 보던 탐관오리들이 역모죄로 잡아들이겠다고 겁을 주며 훼방을 놓는 바람에 뜻을 이루지 못했지. 사랑 아버님은 분을 이기지 못해 몇 날 며칠을 마시지도 못하는 술만 마시다 결국 세상을 떠나고 마셨어."

사랑 아씨는 아버님 이야기가 나오자 눈물을 보이지 않으려고 슬그머니 고개를 숙였다.

"…나는 너희가 우리의 꿈을 이어받아 이루어주었으면 좋겠다. 그 래야 사랑 아버님도 저승에서나마 한을 풀고 편히 지낼 수 있을 테니까."

"아버님의 꿈은 저희가 이어받아 반드시 이루겠습니다. 지켜봐주십시오."

나는 사랑 아씨의 손을 잡고 힘주어 말했다.

"그래. 너희들은 분명 해낼 거야. 조선 제일의 판매 고수들이 아닌가."

회주님의 목소리에는 우리에 대한 굳건한 믿음이 실려 있었다.

토지는 설계도가 완성되자 나와 아씨에게 의견을 물었다. 아씨는 설계도를 들여다보며 한참 동안 토지의 설명을 귀 기울여 듣더니 말했다.

"내 생각에는 상점 건물도 하나 짓는 게 어떨까 싶어요."

"상점 건물이요?"

"이곳에 살게 될 사람들은 모두 부자예요. 그러니 그곳에서 장사를 한다면 큰 이문이 남지 않겠어요?"

"네?"

"아씨 말, 오해하지 말게. 직접 파시겠다는 게 아니라 저잣거리의 상인들을 돕자는 것이니까. 처음 한양에 올라와서 저잣거리의 상인들을 보고 무엇을 느꼈는지 아나? 그들의 표정을 보고 있으니 장사를 해서 돈을 벌기 힘들겠다는 생각이 들더군. 아씨는 그분들에게 실질적인 도움을 주고 싶어 하셔. 하나가 아니라 백 개가 넘는 상점이 들어갈 수 있는 크고 깨끗한 백가점百家店을 만들어서 건물 안에 있는 상점들을 각각 상인들에게 나눠주자는 거지. 저잣거리를 그대로 옮겨놓는다고 생각하면 이해하기 쉬울 게야."

"그분들의 자릿세는 당분간 내가 낼 게요."

사랑 아씨가 조심스럽게 말했다.

"섭섭합니다, 아씨. 제가 어떻게 아씨에게 자릿세를 받을 수 있습니까? 그 부분은 제가 알아서 하겠습니다."

"그럼 내 뜻을 받아들이는 건가요?"

"여부가 있겠습니까. 그런데 문제가 좀 있습니다."

"뭐죠?"

"무슨 일이 생길지 몰라 3동(약 900평)은 빼놓았습니다만 그 정도로
는 저잣거리를 옮겨다 놓을 만큼 큰 건물을 지을 수 없거든요."

"아씨와 얘기 끝냈네. 땅이 모자라면 우리가 살 집 땅을 내놓기
로."

"그래도 되겠습니까?"

"집이야 나중에 자네가 더 근사하고 멋진 곳에 지어주면 될 것 아
닌가."

"당연히 그리해야지요. 하지만 성님, 많이 서운하시겠어요. 아씨
와 살 집 언제 만들어줄 거냐고 매일같이 조르셨잖아요."

"이 사람이, 내가 언제? 언제 졸랐다는 거야?"

"아님 말고요. 전 그만 일어서겠습니다. 빨리 설계도를 고쳐야 예
정대로 글피부터 집을 지을 수 있거든요."

토지는 서둘러 설계도를 챙겨들고 방을 나갔다.

토지는 평창동에 집과 상점을 지으면서 '옥토대군玉土大君'이라는
별칭을 얻었다. 버려진 거친 땅도 토지가 손을 대면 옥처럼 귀한 땅
으로 변한다는 뜻이었다. 사람들이 사랑 아씨와 나, 그리고 약수와

토지를 일컬어 '4대 천황'이라 부르기 시작한 것도 그 무렵이었다. 이름 짓기 좋아하는 누군가는 내 별칭만 두 자인 것이 마음에 안 들었는지 마황 앞에 '월천月千'을 붙였다. 내가 달포에 파는 말이 1000필은 너끈히 웃돌 거라는 것이 그 이유였다.

1880년(고종 17년) 9월 10일

오랜만에 책상 앞에 앉아 붓을 든다. 내 가슴은 여전히 뛰고 있다. 붓을 든 손끝도 떨리고 있다. 너무 떨려 글씨를 제대로 쓸 수 없을 지경이다. 잠시 숨을 고르고 써야겠다.

오늘 아침 일찍 측근 성님이 나를 찾아왔다. 노모가 아프다며 달포 전에 마장을 내게 넘기고 고향으로 내려간 성님이 왜 갑자기 나를 찾아온 건지, 이유를 알 수 없었다.

"성님이 아침 댓바람부터 어쩐 일이우? 어머님은 괜찮으신 거유?"

"너희들에게 전할 말이 있어서 왔다. 내 얘기는 나중에 하자."

"너희들이라니요?"

"4대 천황. 사람들이 너희를 그렇게 부르더군."

"성님이 나 말고 다른 사람에게 무슨 볼일이 있수?"

"너희를 만나보고 싶어 하는 분은 내가 아니다."

"그럼 누군데?"

"고종 황제이시다."

"뭐요? 성님은 농을 해도 참."

"빨리 다른 사람들에게 알려서 나와 함께 궁으로 들어가자. 가보면 농인지 아닌지 알 것 아니냐."

측근 성님은 심각한 얼굴로 말했다. 표정을 보니 농은 아닌 듯했다. 나는 사랑 아씨와 약수, 그리고 토지에게 측근 성님의 말을 전했다. 내 말을 들은 세 사람은 깜짝 놀라 서둘러 궁에 들어갈 채비를 하고 나왔다.

측근 성님은 우리들이 모인 것을 보고 앞장서서 걸어갔다. 우리는 말없이 측근 성님의 뒤를 따라갔다. 설마, 설마 했는데 성님은 정말 우리를 데리고 궁으로 갔다. 궁을 지키던 포졸들이 성님을 보더니 인사를 하며 문을 열어주었다. 성님은 거침없이 궁 안으로 들어갔다.

고종 황제께서는 향원정에서 우리를 기다리고 계셨다. 향원정으로 올라간 우리는 일제히 몸을 숙여 황제께 큰절을 올렸다.

"재미있구나. 천황들에게 절을 다 받다니. 너희들은 나보다 더 높은 천황이 아니더냐."

"송구하옵니다, 전하. 미천한 저희를 벌하여 주옵소서."

나는 간신히 용기를 내서 말했다.

"벌이라니? 당치 않은 소리다. 짐이 너희를 보자고 한 건 긴히 부탁할 말이 있어서다."

"하명만 내리시옵소서. 받들겠나이다."

"지금 조선은 지극히 어려운 상황에 처해 있다. 가까운 청나라와 일본은 물론 영국과 미국, 프랑스도 조선을 노리고 있다. 그들을 물리치자면 군사력을 키워야 할 텐데 국고가 텅 비어 있구나."

"저희가 어떻게 하면 되겠나이까?"

"오해하지는 말 거라. 짐이 바라는 것은 너희들의 돈이 아니다. 짐은 곧 궁이나 다른 곳에 교육기관을 만들고 영특한 인재를 모아 상업 공부를 시킬 예정이다. 그때 너희들이 와서 그들을 가르쳐주었으면 한다. 그들이 다른 나라에 가서 큰돈을 벌어온다면 조선의 살림도 펴지 않겠느냐."

"황공하옵니다만 저희에게 그럴 자격이 있나이까?"

"측근에게 들어 알고 있다. 조선영업인회가 어떻게 생겼는지, 회주의 아버지가 어떤 기관을 만들려고 했는지, 너희가 어떤 방법으로 돈을 벌었는지. 약속하마. 너희가 짐을 도와주면 짐도 너희를 도와줄 것이다."

"성은이 망극하옵니다, 전하."

우리는 일제히 무릎을 꿇고 고종 황제에게 큰절을 올렸다.

측근 성님은 궁문 밖까지 따라 나와 내게 말했다.

"짐작했겠지만 나는 폐하의 명으로 신분을 감추고 민심을 살피는 일을 하고 있다. 그러나 장주를 역모죄로 고해바친 사람은 내가 아니다. 내 말을 믿어야 한다, 고수야. 내 성도 너와 같은 최 씨란다."

최측근이라. 지금 하는 일과 딱 어울리는 이름이었다.

"알겠습니다. 이제부터 우리가 어떻게 해야 하는지나 알려주십시오."

나는 퉁명스럽게 대꾸했다.

"많이 섭섭한 모양이로구나. 어쩌겠느냐. 맡은 일이 그러한걸."

성님은 내 어깨를 두어 번 토닥이더니 다시 궁으로 들어갔다.

그야말로 꿈같은 일을 겪은 우리는 얼빠진 사람들처럼 멍한 얼굴로 터벅터벅 걸어서 조선영업인회로 돌아왔다. 심오한 회주님은 문 앞에서 우리를 기다리고 계셨다.

"어서 들어가자. 궁금하구나."

회주님은 우리가 고종 황제를 만났다는 사실을 알고 계신 듯했다. 우리는 회주님 방으로 가서 고종 황제와 나누었던 대화를 자세히 들려주었다. 이야기를 다 들은 회주님은 크게 기뻐하셨다.

"나와 내 친구의 오래된 꿈이 이루어질 날도 머지않았구나!"

"폐하께서도 꿈 이야기를 하시던데 회주님이 말씀하시는 꿈이 대체 무엇입니까?"

약수가 더 이상은 못 참겠다는 듯 물었다. 대답은 회주님 대신 사랑 아씨가 했다. 약수는 자초지종을 듣고 나서 물었다.

"제가 도와줄 일은 없겠습니까?"

"당연히 있죠. 그렇지 않아도 도움을 청하려던 참이었어요."

"저도 돕겠습니다. 우리는 4대 천황이니까요. 폐하께서 말씀하셨잖아요. 황제보다 높은 사람들이라고. 그런 우리가 하지 못할 일이 어디 있습니까?"

토지가 주먹으로 가슴을 치며 말했다. 그 말에 모두들 크게 웃음을 터트렸다. 나는 선뜻 우리를 도와주겠다고 나서는 약수와 토지가 고마웠다.

그때 회주님이 우리를 둘러보며 말했다.

"나는 안다. 너희들이 꿈을 이루리라는 것을."

나도 압니다, 회주님. 우리들이 꿈을 이루리라는 것을. 우리는 4대 천황이니까요. 의지를 품은 사람은 원하는 일을 이룰 수 있으니까요.

참, 깜박한 것이 하나 있다. 회주님이 방을 나올 때 혼례 날짜를 받아왔다며 네게 건네준 봉투!

빨리 글을 마치고 봉투를 열어봐야겠다.

고조할아버님의 글은 여기서 끝나 있었다. 고난은 책자를 덮고 일어섰다. 어느새 날이 환하게 밝아 있었다.

고난은 문을 열고 밖으로 나왔다. 석정 스님이 천천히 걸어 내려오는 모습이 보였다. 고난은 스님에게 다가가 물었다.

"고조할아버님이 남긴 일기, 더 없나요?"

"네 아버님도 한때는 너처럼 더 남긴 일기가 없는지 찾으셨었지. 하지만 어느 날 내게 그러시더구나. 할아버님께서 그 후의 일기는 후손들이 이어서 쓰라고 일부러 남기지 않으신 것 같다고."

고난은 스님이 무슨 말을 하는지 알 것 같았다.

'좋아. 그 후의 일기는 내가 채워나간다!'

"저는 이만 가보겠습니다. 종종 찾아뵙겠습니다."

"어렵고 힘든 일이 있으면 언제든 찾아오게."

"건강하십시오."

고난은 스님에게 합장을 하고 방에 들어갔다. 고조할아버님의 책자와 아버님의 책자가 고난을 보며 눈부시게 웃고 있었다.

토지는 평창동에 집과 상점을 지으면서 '옥토대군玉土大君'이라는 별칭을 얻었다. 버려진 거친 땅도 토지가 손을 대면 옥처럼 귀한 땅으로 변한다는 뜻이었다. 사람들이 사랑 아씨와 나, 그리고 약수와 토지를 일컬어 '4대 천황'이라 부르기 시작한 것도 그 무렵이었다. 이름 짓기 좋아하는 누군가는 내 별칭만 두 자인 것이 마음에 안 들었는지 마황 앞에 '월천月千'을 붙였다. 내가 달포에 파는 말이 1000필은 너끈히 웃돌 거라는 것이 그 이유였다.

– 영업왕 최고수의 일기 중에서

심길후식 영업 개척비법 강의 7

고객이 상담을 요청할 수 있는 접점을 극대화하라

고수, 사랑 아씨, 약수, 토지, 이 네 사람이 마침내 영업 분야에서 '4대 천황'이 되어 고종 황제까지 배알했군요. 누가 압니까. 어느 날 갑자기 대통령께서 여러분을 청와대로 부를지. 물론 그 전에 각자의 분야에서 최고가 되어야겠지요. 저는 여러분 모두 대한민국 최고의 영업인으로 우뚝 서기를 바랍니다. 그런 날이 꼭 오리라 믿습니다.

여러분은 이제 막 DB를 잠재고객 DB로 따끈따끈하게 숙성시키는 방법을 알게 되었습니다. 그렇다면 이 잠재고객들이 스스로 나에게 먼저 상담을 요청하도록 하기 위해서는 어떻게 해야 할까요?

많은 영업인들, 특히 의사 결정권자를 따로 만나야 하는 B2B 영업을 하시는 분들이 항상 고민하는 것이 있습니다. '도대체 어떻게 해야 문지기를 뚫을 수 있을까?' 하는 것이죠.

비서, 경리, 수위, 경비, 보안 등으로 대표되는 문지기들의 역할은 잡상인으로 보이는 비전문적인 영업인을 자기 선에서 막는 것입니다. 따라서 오늘은 기필코 실적을 올리고야 말겠다는 굳은 각로로 열심히 돌방_{상가, 오피스텔, 빌딩 등을 무작정 돌아다니면서 하는} 영업을 해봤자 이런 문지기들에게 쓰라린 거절만 당하고 말 겁니다. 그리고 스스로에게 이런 질문을 던지겠지요.

'도대체 나는 왜, 무엇 때문에 문전박대를 당하고, 쫓겨나고, 거절 당하는 것일까? 어떻게 해야 문지기를 뚫을 수 있을까?'

어떤가요. 질문이 조금 이상하지 않나요? 당연한 질문인가요?

물론 문법적으로 틀린 문장은 아닙니다만 제 생각은 다릅니다.

영업을 할 때의 주체는 당연히 '나'입니다. 내가 어떻게 하면 열심히 할 수 있는지 동기부여를 하고, 고민을 해야 합니다.

하 · 지 · 만.

영업 프로세스가 시작되면 주체를 바꾸어야 합니다. 무엇으로

요? 바로 고객으로요! 바뀐 주체에 따라 질문도 모두 바꿔서 해야
합니다.

'내가 어떻게 하면 잘 팔 수 있을까?'를 '어떻게 하면 고객이 구
매하고 싶어 할까?'로 '내가 어떻게 하면 세일즈 마무리 멘트를 잘
할 수 있을까?'를 '어떻게 하면 고객 스스로가 내 제품이 좋다고 느
낄 수 있을까?'로 말입니다.

그렇다면 당연히 '도대체 나는 왜, 무엇 때문에 문전박대를 당하
고, 쫓겨나고, 거절당하는 것일까? 어떻게 해야 문지기를 뚫을 수 있
을까?' 하는 질문도 '어떻게 해야 고객 스스로 나를 찾게 만들까?'로
바꾸어야겠지요.

문지기는 문을 막으라고 있는 것입니다. 그 사람들을 잘리게 할
작정이 아니라면 괜히 문 뚫고 쳐들어갈 필요는 없습니다. 사람들에
게 폐를 끼치면서까지 영업을 하지는 말자는 얘기입니다.

고객들이 스스로 영업인을 청하게 되는 이유

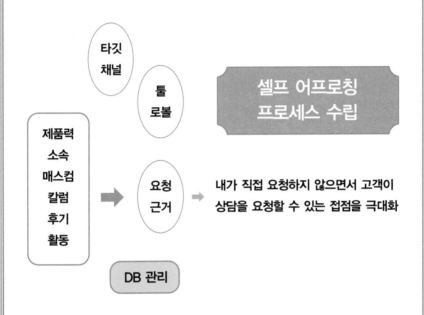

　내가 가지고 있는 나만의 독특한 로봇과 개입상품, 그것들이 우수하다는 것을 어필하고 있는 레터, 나의 전문성과 권위를 뒷받침하고 있는 멘토 포지셔닝 등 프로세스 구성요소가 한데 어우러져 고객들에게 전달되어야 제대로 된 영업을 할 수 있습니다.

　온라인이든 오프라인이든 고객들과 접촉할 수 있는 채널을 다양

화하고, 고객들에게 제대로 작성된 레터가 전달될 수 있도록 해야 합니다. 그로 인해 우리가 갖고 있는 로볼을 신청하게 함으로써 DB를 확보할 수 있어야 합니다. 뿐만 아니라 나와 한 번 접촉한 고객은 각종 DB 관리시스템을 통해 계속해서 내 울타리 안에 머물게 해야 합니다. 제가 권하고 싶은 방법으로는 정기적으로 소식지와 웹진을 발행해 고객에게 전달하고, 잠재고객들을 대상으로 세미나를 여는 것 등이 있습니다.

이와 같은 방법을 통해 우리가 고객을 찾아가서 상담을 하기보다는 고객이 우리를 찾아와 상담 요청을 하도록 만들어야 합니다. 잠재고객을 찾아서 먼저 연락하면 물건을 팔려는 사람으로 보기 때문에 구매의 벽은 더욱 높아지기 마련입니다. 따라서 잠재고객들이 나를 알 수 있도록 브랜딩에 힘쓰셔야 합니다. 나에 대해 알려서 먼저 연락하게 하려면 고객과의 접촉 채널, 즉 외부 출강, 저비용 고효율의 광고 활동, 언론 노출, 칼럼 기고 등을 확대해 나가는 것이 좋습니다.

지금까지 배운 내용을 바탕으로 차근차근 준비해서 프로세스를 수립하고, 그에 따라 타깃과 개입상품을 설정하십시오. 그 후 타깃에 맞는 로볼과 레터를 만들어서 잠재고객의 DB를 꾸준히 모으고 관리하며 전문가, 권위가, 멘토로서 인정받도록 하십시오.

그럼 이제 프로세스 초안을 설계해 볼까요.

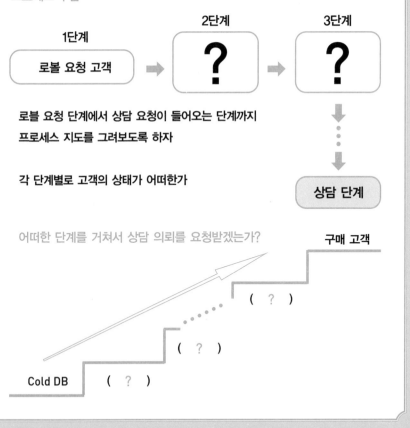

로볼을 통해 1차 접촉이 이루어진 DB를 셀프 어프로칭된 Hot DB로 만드는 프로세스 수립

1단계
로볼 요청 고객

2단계
?

3단계
?

로볼 요청 단계에서 상담 요청이 들어오는 단계까지 프로세스 지도를 그려보도록 하자

각 단계별로 고객의 상태가 어떠한가

상담 단계

어떠한 단계를 거쳐서 상담 의뢰를 요청받겠는가?

구매 고객

(?)

(?)

Cold DB   (?)

1차 DB는 2차 DB로 올릴 수 있는 구상을, 2차 DB는 3차 DB로 올릴 수 있는 구상을 해나가고, 한 단계, 한 단계마다 발전되어 나에 대한 전문성을 인정하는 DB들이 생기면 이를 따로 관리할 수 있는 방법을 찾아서 만드십시오.

　　간단한 정보집을 신청했던 1차 DB가 동영상이나 전화 상담 등을 신청하는 2차 DB가 되고, 그 후 오프라인 상담을 신청하는 3차 DB가 되도록 하는 프로세스를 진행해 보면 어느 정도나 1차에서 2차로, 2차에서 3차로 올라가는지 통계를 파악할 수 있게 될 것입니다. 이를 토대로 전체적인 마케팅 전략을 기획하시기 바랍니다.

　　이것으로 심길후식 영업 개척비법 강의를 마치겠습니다. 강의를 시작할 때 말했던 것처럼 이 책을 읽고 있는 영업인들 모두 다 각자의 분야에서 최고가 되기를 바랍니다. 다음은 셀프 어프로칭의 핵심사항을 간추려놓은 것입니다.

거절예방을 위해 당장 해야 할 일

1. DB 수집을 위한 프로세스를 완벽하게 수립한다.

2. 모은 DB를 관리할 기획안을 작성한다.

3. 나와 인연을 맺은 것 자체를 상품화시키는 멤버십 상품을 제작한다.

4. 최대한 적게, 좁게 팔기 위해 노력한다.

5. 매출을 올리기 위한 접점은 넓게, 실질적인 통과문은 좁게 잡는다.

6. 항상 고객으로부터 연락이 오게 만든다.

7. 내가 고객을 관리하는 것이 아니라 고객이 나를 관리하도록 만든다.

8. 나 자체가 가치 있는 도움을 꾸준히 제공할 수 있는 사람이 되어야 한다.

"단 한 번의 거절 없이 판매할 수 있다!"

저희 한국영업인협회에서 널리 전파하는 말입니다. 체계적으로 배우고, 자신에게 맞는 영업방식을 갖추기만 한다면 누구든지 거절 없이 판매할 수 있습니다.

지금까지 비효율적인 영업방식으로 어려움을 겪어온 영업인들에게 말하고 싶습니다.

"비효율적인 방식으로 영업하는 것은 결코 여러분의 잘못이 아닙니다. 단지 제대로 배울 기회가 없었을 뿐입니다. 지금부터라도 차근차근 기초를 쌓으시면서 알찬 배움을 저 세일즈 멘토 심길후와 함께 해나가시기 바랍니다."

뿌리 깊은 나무는 바람에 흔들리지 않는 법입니다.

주먹구구식으로 하는 영업에서 빨리 벗어나십시오. 효율적으로 영업하여 실적도 올리고 주위로부터 인정받는 영업인이 되십시오.

잠재고객을 발굴하는 개척비법과 효율적인 상담을 이끌어내는 멘트비법에 이르기까지 철저하게 배우고 익혀서 다가오는 성공을 움켜잡으십시오.

여러분은 할 수 있습니다. 잘할 수 있습니다.

열정이 있기 때문입니다.

무언가 더 나은 방법을 찾기 위해서 지금 이 책을 보고 계시지 않습니까?

그러나 더 잘하기 위해서는 철저한 실습이 필요합니다.

배운 바를 열심히 연습해서 목표로 정한 과녁을 모두 맞히는, 100% 확률의 명사수가 되시기 바랍니다.

소설 속에서 주인공 최고수가 26세에는 한 달에 말 1000필을 팔아 현재 화폐 기준으로 10억에 가까운 수익을 올려 연봉이 100억이 넘기 때문입니다. 명색이 월천마황인데 그쯤은 되어야겠지요?

끝으로 이 책이 나오기까지 끊임없이 격려해 준 한국영업인협회의 운영위원, 비서, PD, 문하생, 수습문하생, 연구원, 그리고 일반 회원 분들에게 감사의 말씀을 전합니다. 감사합니다.

*이 도서의 국립중앙도서관 출판예정도서목록(CIP)은
서지정보유통지원시스템 홈페이지(http://seoji.nl.go.kr)와
국가자료공동목록시스템(http://www.nl.go.kr/kolisnet)에서 이용하실 수 있습니다.
(CIP제어번호 : CIP2015035163)

단 한 번의 거절 없이
판매할 수 있다

초판 1쇄 발행 ㅣ 2016년 1월 15일

지은이 ㅣ 심길후
펴낸이 ㅣ 채규선
펴낸곳 ㅣ 세종미디어(등록번호 제2012-000134)
주소 ㅣ 경기도 고양시 덕양구 백양로 15
전화 ㅣ 070-4115-8860   팩스 ㅣ 031-978-2692
이메일 ㅣ sejongph8@daum.net

ISBN 978-89-94485-27-0 03320